Textos: Taida Íñigo, Isabel Ortiz,
Isabel Reviejo, Ana Serna, Javier Susaeta
Ilustraciones: Nivio L. Vigil
© SUSAETA EDICIONES, S.A.
Campezo, s/n - 28022 Madrid
Tel.: 913 009 100 - Fax: 913 009 118
www.susaeta.com
ediciones@susaeta.com

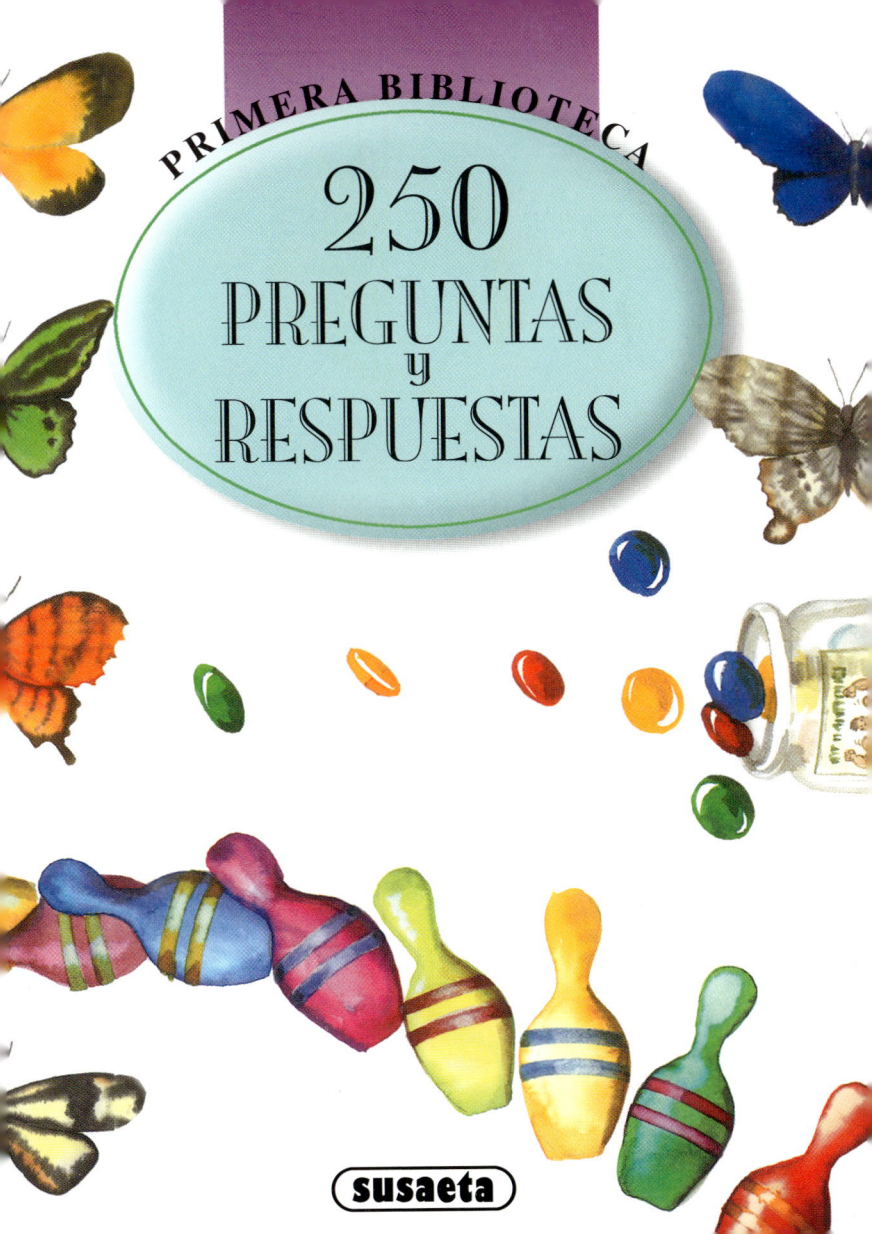

PRIMERA BIBLIOTECA

250 PREGUNTAS Y RESPUESTAS

susaeta

CONTENIDOS

Deportes	5
Naturaleza	17
Medicina	29
Cultura	45
Economía y sociedad	93
Huellas del hombre	107
Espacios naturales	141
Pueblos	167
Obras de arte	177
¿Sabes cuándo...?	187

DEPORTES

¿QUÉ ES EL DOPAJE?

Algunos atletas toman sustancias para aumentar de manera artificial su rendimiento en la alta competición.
El control *antidoping* tiene por objeto detectar estas sustancias, cuyo uso no está permitido, en los análisis que, de forma habitual, se realizan a los deportistas.

La voz «dope» y su derivado verbal «doping» procede del argot inglés, y designa a narcóticos, estimulantes y otras sustancias parecidas.

¿QUÉ ES UN POTRO?

El potro al que nos referimos no es el nombre que recibe la cría del caballo ni un aparato de tortura para «estirar a la gente» y aflojarle así la lengua, sino el aparato utilizado en gimnasia.

Se llama así por tener cuatro patas y porque su aspecto recuerda lejanamente a un caballo.

¿QUÉ ES LA PELOTA VASCA?

Aunque su origen se remonta a épocas remotísimas, habiendo sido practicado por las poblaciones más antiguas de Europa, es en el País Vasco donde mayor arraigo ha adquirido este juego.

Son cuatro las especialidades de este deporte: pelota a mano, cesta punta (con una cesta de castaño tejida en mimbre), pala (con raqueta maciza) y remonte (con un instrumento duro o curvado con el que se devuelve la pelota sin detenerla).

¿QUÉ ES EL GOLF?

El origen de este deporte es incierto.
Algunos consideran que fue en Holanda
donde surgió en el siglo XIV.

Lo practicaban entonces los pastores
con el nombre de «kolf» (bastón).
En la actualidad se juega en todo
el mundo.

Los campos de golf reglamentarios son
extensas praderas de 18 hoyos.
El golfista, ayudándose
de distintos palos, debe introducir,
con el menor número de golpes,
la bola en los sucesivos hoyos.

¿QUÉ ES EL MALABARISMO?

Ya en la Edad Media los juglares divertían a las gentes con juegos de habilidad realizados con aros, pelotas y otros objetos.

Los malabaristas actuales realizan ejercicios verdaderamente espectaculares, combinándolos con equilibrios acrobáticos, magia, danza, etc.

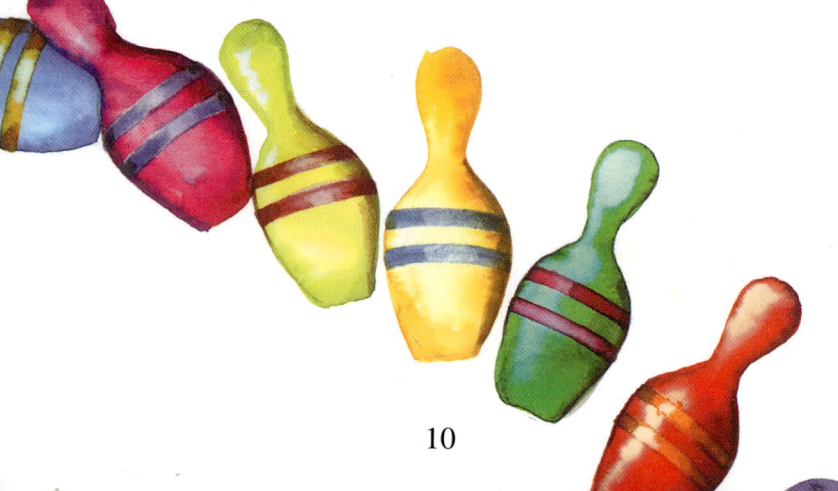

¿QUÉ ES EL YUDO?

En 1964 se introducía como especialidad olímpica un deporte que concibió el estudiante japonés Jigoro Kano basándose en las antiguas prácticas guerreras del budismo: el yu-do («el camino suave»), en el que se practican las técnicas de derribar e inmovilizar al contrario.

Los competidores llevan cinturones de diferentes colores para identificar su rango. El cinturón negro es el más alto.

¿QUÉ ES EL RUGBY?

El origen de este deporte es casual: en el año 1823 en el colegio inglés de Rugby, y durante un partido de fútbol, uno de los alumnos, de nombre William Webb, cogió el balón con las manos y corrió hacia la portería contraria. El nuevo deporte se aceptó de manera gradual, hasta que en 1841-42 quedó «legalizado».

La versión estadounidense del rugby, el «fútbol americano», se caracteriza por ser más espectacular, los jugadores portan casco y protecciones en el cuerpo, y el contacto físico es más violento.

¿QUÉ ES EL FÚTBOL?

El fútbol es un juego de pelota con dos equipos de once jugadores. Se juega con los pies, pero los jugadores pueden utilizar la cabeza y el pecho, y sólo el guardameta puede tocar la pelota con las manos dentro de su área. El objetivo es meter la pelota en la portería contraria.

A finales del siglo XVII aparecieron en Inglaterra los primeros reglamentos. Hoy, se ha convertido en el «deporte rey» en la mayoría de países.

¿QUÉ ES UNA ACROBACIA AÉREA?

Dar vueltas en el aire, caer en picado, realizar vuelos invertidos, hacer barrenas, son algunas de las extraordinarias maniobras que se pueden hacer con un avión en vuelo.

Sería el francés Adolphe Pegoud el que, en 1913, inventase esta peligrosa y llamativa especialidad de vuelo.

¿QUÉ ES EL BOXEO?

Las reglas del boxeo, tal y como se practica hoy, datan de 1886. Entre ellas están el uso de guantes, la duración de cada asalto y el límite de 10 segundos para el *fuera de combate*.

El boxeo se practica dentro un cuadrilátero (ring), cercado por cuerdas. Mucha gente opina que el boxeo es demasiado violento y debería suprimirse, y son cada vez más numerosos los países desarrollados donde esta brutal actividad está prohibida.

¿QUÉ ES EL FUNAMBULISMO?

El funámbulo es quien hace ejercicios sobre una cuerda o alambre, para lo que suele ayudarse de una larga barra que le sirve para guardar el equilibrio.

El funambulismo es uno de los números de circo más habituales y aplaudidos, pero estos acróbatas han salido muchas veces de las carpas para cruzar espacios entre edificios o barrancos naturales, haciendo el ejercicio aún más espectacular y peligroso, afrontando formidables abismos, como las cataratas del Niágara.

¿QUÉ ES LA METAMORFOSIS?

La metamorfosis es el proceso de cambio que sufren algunos animales durante su desarrollo, y que implica una transformación, un importante cambio de forma.

> Por ejemplo, la metamorfosis de los insectos. O la de los saurios.
> Y también, por extensión, el cambio de Cenicienta tras la intervención del Hada Madrina.

¿QUÉ ES LA FOTOSÍNTESIS?

La clorofila es el compuesto vital que hace posible la vida de las plantas verdes. Mediante la clorofila, y aprovechando la luz solar, las plantas transforman el carbono del CO_2 atmosférico y el agua en hidratos de carbono. Este fenómeno, muy complejo en sus detalles, se conoce como fotosíntesis.

¿QUÉ ES EL PUNTO DE CONGELACIÓN?

Es la temperatura a la que un líquido se convierte en sólido. El punto de congelación del agua es 0 °C a la presión atmosférica normal.

¿QUÉ ES EL AGUA DURA?

Es el agua que no hace espuma fácilmente con el jabón, porque contiene muchas sales en solución, sobre todo carbonatos.

¿QUÉ ES UN TSUNAMI?

Cuando los terremotos se producen en el mar, se llaman maremotos, y éstos provocan olas gigantes, que si llegan a tierra pueden producir temibles catástrofes.

> La ola gigante *(tsunami)* más alta que se conoce apareció el 24 de abril de 1971 en una isla de Japón, y alcanzó 85 metros de altura.

La palabra es también japonesa y deriva de *tsu* = puerto y *nami* = ola.

¿QUÉ SON LOS EQUINOCCIOS?

Durante el verano los días son largos, y por el contrario, durante el invierno, cortos. El comienzo de la primavera y del otoño (debido a que los rayos del sol llegan a la Tierra con una inclinación intermedia, lo que hace que la noche y el día tengan la misma duración) son los respectivos equinoccios.

¿QUÉ SON LOS SOLSTICIOS?

Se da este nombre a las dos épocas del año en que el Sol está más alto o más bajo en el cielo del mediodía. Dos son los solsticios: el de invierno, suele ser el 21 de diciembre, y el de verano, que es en torno al 21 de junio.

> En el solsticio de invierno, los rayos del sol alcanzan el mayor grado de oblicuidad y hay menos horas de luz.

Por el contrario, en el solsticio de verano hay una menor inclinación de los rayos del sol sobre la Tierra, cayendo «más verticales», motivo por el que hay más horas de sol.

¿QUÉ ES EL ROCÍO?

Al amanecer se puede observar que plantas, piedras y hasta telarañas están cubiertas de pequeñas gotitas de agua.

Este fenómeno recibe el nombre de rocío y se debe a que el vapor contenido en el aire, al enfriarse el mismo, pasa a forma líquida, depositándose en muchos objetos, en forma de pequeñas gotas.

¿QUÉ SON LAS ESTALACTITAS Y LAS ESTALAGMITAS?

El agua que gotea en el interior de las cuevas va depositando, por evaporación, pequeñas cantidades de carbonato de calcio que poco a poco van formando estalactitas (si cuelgan del techo) o estalagmitas (si están en el suelo).

La estalagmita más alta conocida está en una cueva de Carlsbad, en Estados Unidos, y mide 32 metros.

¿QUÉ ES LA ECOLOGÍA?

Es la ciencia que se ocupa del estudio de los organismos en relación con el medio en el que viven. Es una de las grandes preocupaciones de la sociedad de nuestro tiempo, puesto que nuestro modo de vida está alterando de forma importante el medio en el que vivimos, y esto puede traer graves consecuencias a medio y largo plazo.

Su nombre procede del griego «oikos» (casa).

¿QUÉ SON LAS MAREAS NEGRAS?

Se forman cuando un petrolero
de gran tonelaje derrama, voluntaria
o accidentalmente, grandes cantidades
de petróleo en el mar.

> El combustible negruzco se esparce
> rápidamente sobre la superficie
> de las aguas, dañando gravemente
> la fauna y la flora del litoral
> marino. A quien más perjudican
> las mareas negras es a las personas
> que basan sus recursos y forma
> de vida en la riqueza del mar.

Se estima que, cada año,
los petroleros arrojan a los mares más
de un millón de toneladas de esa
viscosa mezcla de hidrocarburos.

¿QUÉ ES LA BIODIVERSIDAD?

La biodiversidad hace referencia a la variedad de formas de vida presentes en la naturaleza: plantas, animales, bacterias y virus. La variedad de especies de los distintos sistemas es tan grande que hasta ahora sólo se han clasificado 1,4 millones, el 5% del total.

> No todos los ecosistemas poseen la misma riqueza y variedad de especies. Los más exuberantes son los trópicos.

> La acción humana sobre la naturaleza ha hecho desaparecer, en los últimos tres siglos, más de un millón de especies.

¿QUÉ ES UNA TRANSFUSIÓN DE SANGRE?

La sangre perdida por una persona puede ser reemplazada por la de otra mediante este procedimiento.

No hace falta que la transfusión sea directa. La sangre donada se puede envasar para, posteriormente, ser utilizada en caso de necesidad.

Es imprescindible que el grupo sanguíneo del receptor y del donante sean compatibles.

¿QUÉ ES UNA EPIDEMIA?

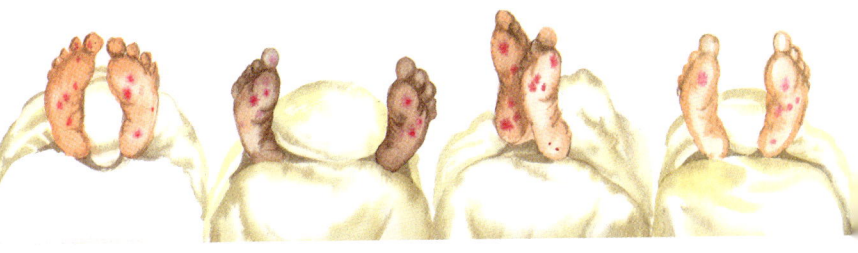

Es una enfermedad infecciosa que ataca casi simultáneamente y de un modo accidental a poblaciones y comarcas enteras, propagándose por contacto directo o indirecto entre las personas.

En los países desarrollados, las epidemias suelen controlarse a tiempo, antes de que buena parte de la población enferme.

En África, en cambio, las epidemias suelen causar millones de muertes.

¿QUÉ ES UN VIRUS?

Los virus son microorganismos que sólo pueden reproducirse dentro de una célula viva. El contagio o transmisión de estos microbios puede producirse de distintas formas.

Muchas de las enfermedades producidas por los virus pueden prevenirse con vacunas.

La gripe, el sarampión, la viruela y el SIDA son enfermedades transmitidas por virus.

¿QUÉ ES LA CONGELACIÓN?

Muchos montañeros y escaladores han sufrido la congelación de alguno de sus miembros. La causa es que, con el frío intenso, la sangre no fluye y el tejido muere, con graves consecuencias.

La nariz y los dedos de manos y pies suelen ser los más afectados.

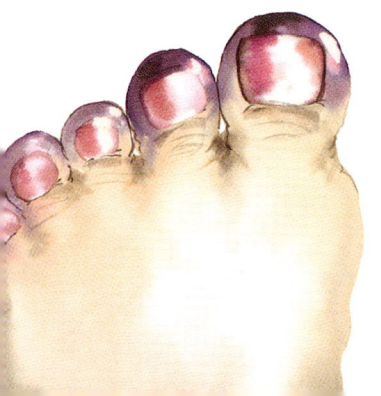
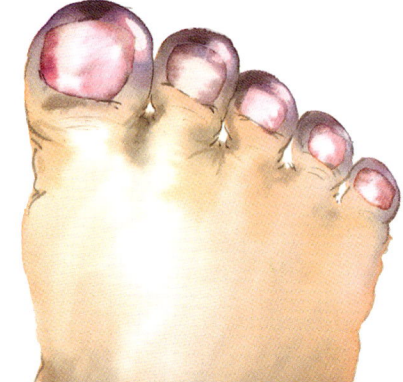

¿QUÉ ES LA CIRUGÍA PLÁSTICA?

La cirugía plástica es una especialidad quirúrgica para corregir deformidades, sobre todo en la cara, de origen accidental o innatas.

Recientemente, ha aparecido la cirugía *estética*, destinada a mejorar el aspecto físico, consiguiendo unas formas más atractivas.

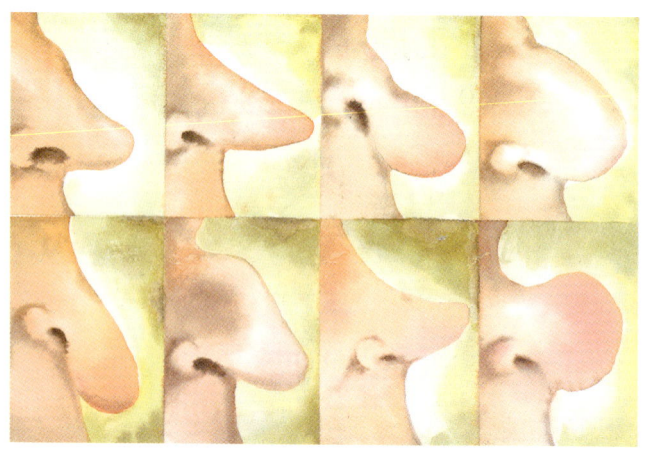

¿QUÉ ES EL DALTONISMO?

Se dice que una persona es daltónica cuando no es capaz de distinguir ciertos colores, entre ellos el rojo y el verde.

Este trastorno se llama así porque fue el físico inglés Dalton (1766-1844) quien lo descubrió en sí mismo y posteriormente lo estudió.

Los daltónicos, entre otras limitaciones, deben tener mucho cuidado al conducir (por el color de los semáforos).

¿QUÉ ES UN BANCO DE ÓRGANOS?

Es el lugar donde se almacenan órganos humanos procedentes de personas fallecidas, que han donado partes de su cuerpo para que puedan ser implantadas en otras personas que los necesitan para seguir viviendo o para llevar una vida mejor. Actualmente, España es el país del mundo donde más donaciones se hacen, un récord del que sin duda debemos sentirnos orgullosos.

¿QUÉ ES UNA CUARENTENA?

En el campo médico, tener en cuarentena a alguien supone mantenerle separado, sin contacto con otras personas. Algunos de los virus productores de enfermedades se incuban durante un periodo más o menos largo. Por eso, cuando una persona tenía una enfermedad contagiosa –la viruela, por ejemplo–, aunque se hubiera superado, y para evitar contagios, se le tenía en observación y aislado durante cuarenta días.

¿QUÉ ES LA DIETA?

Los seres vivos necesitan reponer mediante la alimentación las energías perdidas. Las personas, dependiendo de la edad y el trabajo realizado, han de aportar a su organismo cierta cantidad de nutrientes, que pueden ser obtenidos de un variado número de alimentos. El conjunto de alimentos que nuestro cuerpo necesita diariamente se llama dieta alimenticia.

¿QUÉ SON LAS VITAMINAS?

Son unas sustancias químicas que, en pequeñas cantidades, son necesarias para nuestro organismo. Se encuentran en los animales y las plantas.

Desde principios de siglo se han descubierto numerosas vitaminas, a las que se les ha ido dando nombres de letras. Cada una desempeña un papel diferente en la asimilación de elementos indispensables para la vida, y su carencia produce graves enfermedades.

¿QUÉ ES EL CURANDERISMO?

Hay personas que, sin ser médicos, practican algún tipo de *medicina natural*.

Estos curanderos han existido siempre en todos los lugares del mundo. Suelen basar el diagnóstico en la observación externa de los pacientes, y las medicinas aplicadas son hierbas y otros productos naturales. No deben confundirse con los *sanadores* que se apoyan en *terapias* de carácter religioso, psicológico y supersticioso.

¿QUÉ SON LOS ANTIBIÓTICOS?

Son sustancias químicas que impiden el desarrollo de microorganismos causantes de múltiples enfermedades infecciosas.

> Cuando Fleming descubrió la penicilina, puso en manos de la medicina un gran avance que ha salvado muchas vidas.

Como anécdota, podemos decir que a las puertas de la plaza de toros de Las Ventas, en Madrid, hay un monumento dedicado por los toreros al doctor Fleming.

¿QUÉ ES LA OMS?

La OMS (Organización Mundial de la Salud) es la autoridad mundial en la coordinación de las iniciativas sanitarias de muchos países. Asiste a los más diversos gobiernos en la mejora de sus servicios médicos, procura la erradicación de las enfermedades endémicas y la extensión de las epidemias, y establece normas transnacionales de criterios de diagnóstico, aparte de cuidar de la seguridad y eficacia de los medicamentos que circulan en el mercado internacional.

¿QUÉ ES EL ADN?

El ADN, abreviatura de ácido desoxirribonucleico, es una molécula de gran tamaño localizada en el núcleo de las células y formada por un elevado número de átomos. Esta molécula contiene la información genética que un individuo recibe de sus progenitores y es, por tanto, la responsable de la transmisión de los caracteres hereditarios.

Su estructura está formada por dos cadenas enrolladas en hélice.

¿QUÉ ES UN NIÑO PROBETA?

Reciben este nombre los niños fecundados artificialmente. El primer *niño probeta* nació en Gran Bretaña en 1978.

Gracias a esta técnica médica, denominada fecundación in vitro, las mujeres estériles pueden concebir un hijo. Para conseguirlo, se extrae un óvulo de la mujer, que se coloca en una probeta en contacto con los espermatozoides del hombre. Una vez fecundado el óvulo, se inserta en la cavidad uterina de la madre para que madure y se forme plenamente el nuevo ser, que nacerá a la vida transcurridos nueve meses.

CULTURA

¿QUÉ ES EL CÓMIC?

El cómic o historieta constituye un medio de expresión característico de nuestro siglo, como el cine.

También comparte con él el año de su nacimiento, 1895. El 5 de mayo de ese año apareció en las páginas del periódico *New York World*, en entregas de una sola viñeta, «The Yellow Kid», el primer protagonista del cómic.

Un siglo después, este medio de expresión ha dado lugar a entrañables personajes: Tintín, Astérix o Supermán son leídos y admirados en todo el mundo.

¿QUÉ ES UN CURRÍCULUM VITAE?

Es una expresión tomada del latín. Se usa para designar al conjunto de antecedentes de una persona cuya trayectoria profesional interesa conocer.

Por ejemplo, para obtener un empleo, suele ser necesario enviar el currículum vitae, en el que constan los estudios que se han hecho, los anteriores trabajos, la experiencia profesional, etc.

¿QUÉ ES UN EX LIBRIS?

Es una expresión latina, que quiere decir «de los libros (de)». Los ex libris son unos sellos o anagramas que se ponen a los libros para indicar a quién pertenecen. Suelen contener, diseñado de forma artística, la expresión ex libris y el nombre del dueño de los libros.
Es, en definitiva, una marca de propiedad.

¿QUÉ ES UN VENTRÍLOCUO?

Hay personas que tienen la capacidad de dar a su voz distintas entonaciones y hacer que parezca que procede de distintos lugares: son los ventrílocuos.

Muchos de ellos se dedican al espectáculo, y normalmente suelen ir acompañados de muñecos que manejan y con los que simulan diálogos.

¿QUÉ ES EL GUIÑOL?

Desde muy antiguo –en Europa desde el año 500 a.C.– se han representado historias por medio de muñecos, conocidos como títeres y marionetas, según sean sus características. Existen diferentes tipos de marionetas: de sombra, de cuerda, de dedo... El guiñol se realiza en un escenario especial que impide ver cómo los titiriteros mueven las marionetas.

¿QUÉ ES UN ÓSCAR?

La entrega de los *Óscars* es una de las fiestas más esperadas del mundo del cine.

La Academia de las Artes y Ciencias Cinematográficas de Hollywood vota y premia a la mejor película del año, el mejor director, los mejores actores, etc. El premio es una estatuilla dorada que a alguien le recordó a su tío Óscar.

La ocurrencia sirvió para que, desde entonces, ése sea su nombre.

¿QUÉ ES UN SAINETE?

Es una pieza escénica, propia del teatro español. El sainete es una comedia de carácter costumbrista en la que aparecen personajes castizos y populares.

El creador del sainete, en el siglo XVII, fue don Ramón de la Cruz.

Otros famosos sainetistas han sido los hermanos Álvarez Quintero y Carlos Arniches.

¿QUÉ ES UNA COMEDIA?

Es un género artístico opuesto a la tragedia, es decir, que trata asuntos «ligeros» y tiene un desenlace feliz.

Las comedias han ido tratando los temas propios de la época en la que se crearon.

Comediógrafos famosos han sido, desde Aristófanes, en la antigüedad clásica, hasta Muñoz Seca, ya en nuestro siglo, autor de la inolvidable *Venganza de don Mendo*.

¿QUÉ ES EL PLAY-BACK?

Play-back es una palabra inglesa que quiere decir «hablar o actuar detrás».

Este procedimiento es utilizado, sobre todo, en televisión. Los cantantes simulan cantar, mientras suena la canción grabada previamente. El telespectador, si el *play-back* está bien realizado, no lo advierte.

¿QUÉ ES EL MUSIC-HALL?

Un *music-hall* es una sala de fiestas
en la que los espectáculos de diverso tipo,
musical, humorísticos, etc.,
son presentados por un actor (showman)
que realiza imitaciones, canta, cuenta
chistes y baila. Estos establecimientos
surgieron en Estados Unidos y en ellos
se iniciaron actores tan famosos
como Charles Chaplin
y Jerry Lewis.

¿QUÉ ES EL FOLK?

La música con raíces folklóricas (de «volk» > «folk»; «pueblo», en lenguas germánicas) utiliza los elementos específicos de cada comunidad.

Su origen hay que buscarlo en las canciones que los negros norteamericanos entonaban durante la recolección del algodón o en los barcos de vapor que surcaban los grandes ríos. En ellas se refleja el ritmo africano y la música popular del Oeste americano.

¿QUÉ ES EL FLAMENCO?

El flamenco es una manifestación artística propiamente andaluza. Su origen no está muy claro, aunque se cree que procede de Oriente. El cante, el baile y la guitarra son las manifestaciones flamencas más arraigadas. Formas populares aparte, como ciertas «sevillanas», desdeñadas por los puristas, está el cante «jondo» (hondo) y consta de muchos estilos o palos: soleares, alegrías, cañas, fandangos, etc.

Antonio, bailaor, Paco de Lucía, guitarrista y Camarón de la Isla, cantaor, han sido tres de los máximos exponentes de este arte.

¿QUÉ ES EL JAZZ?

Este estilo musical surgió en Nueva Orleans (EE UU). Viene a ser una mezcla de blues y espirituales negros con la música europea. Dominado por los ritmos africanos y el estilo melódico del blues, el jazz permite que sus intérpretes improvisen y le den un toque especial.

El trompetista y cantante negro Louis Armstrong ha sido uno de los más famosos exponentes del jazz.

¿QUÉ ES LA MÚSICA DE CÁMARA?

En las cámaras o salones de palacios, principalmente durante el siglo XVIII, se solía reunir un reducido número de invitados a escuchar la música de pequeños conjuntos musicales, formados casi exclusivamente por instrumentos de cuerda. Por ese motivo, las composiciones destinadas a estos grupos han recibido el nombre de «música de cámara».

¿QUÉ SON LAS GÁRGOLAS?

Las gárgolas son un elemento arquitectónico por donde se vierte hacia el exterior el agua de los tejados.

En las catedrales góticas, suelen representar diablillos y monstruos.

Son muy famosas por su belleza las de la catedral de Notre Dame, en París.

¿QUÉ ES UNA PIÑATA?

Es un recipiente lleno de dulces
y golosinas que el primer domingo
de Cuaresma, el Domingo de Piñata,
se suele colgar para que los participantes
en el baile intenten romperlo con un palo,
con los ojos vendados. Este día, además,
se pueden volver a sacar los disfraces
del recién terminado Carnaval.

¿QUÉ ES UNA CHARLOTADA?

La charlotada es una versión humorística de las corridas de toros. Los toreros son sustituidos por personajes estrafalarios que juegan, entre bromas y burlas, con un becerro. En estos festivales taurinos algunos participantes imitaban al célebre Charlot, nombre con el que, en España, se conocía también a Charles Chaplin, lo que dio lugar al nombre de charlotada.

¿QUÉ ES LA HERÁLDICA?

A ciertas personas les interesa conocer
cuál es el origen remoto de su familia.
Para saberlo recurren, entre otros métodos
de investigación, a la heráldica,
que es el estudio de los escudos
o blasones nobiliarios que corresponden
a una determinada familia.

¿QUÉ ES EL BOTAFUMEIRO?

Durante la Edad Media fue el «ambientador» de la catedral de Santiago de Compostela. En las grandes solemnidades, con la catedral llena de peregrinos que venían de hacer el largo camino, el aire se hacía irrespirable, y por eso se utilizaba este inmenso incensario de más de 80 kilos de peso. Ver cómo se mueve y esparce su olor oscilando a lo largo de la nave central de la catedral es un espectáculo inolvidable.

¿QUÉ ES LA ROMERÍA DEL ROCÍO?

Se trata de una de las manifestaciones de religión y folklore más impresionantes y concurridas del mundo. Los romeros van peregrinando hasta la aldea de Almonte, en la provincia de Huelva, donde está el santuario de la Virgen del Rocío. Durante el camino se canta y se baila por sevillanas. Llegados a su destino la noche del domingo de Pentecostés, se produce el salto de la reja, momento en el que los almonteños «asaltan» la ermita para sacar en procesión durante toda la noche la imagen de la Virgen.

¿QUÉ SON LOS SANFERMINES?

... 6 de junio, 7 de julio ¡San Fermín!
¡A Pamplona hemos de ir!
Eso dice la canción, y el motivo es que se celebran sus fiestas patronales.

Desde que dan comienzo con el chupinazo, no para la música y el baile en las calles llenas de gente ataviada con el tradicional pañuelo rojo al cuello.

Pero por lo que son universalmente conocidas es por sus encierros taurinos, que fueron narrados por Hemingway en su novela *Fiesta*.

¿QUÉ SON LAS TAMBORRADAS?

El Jueves y el Viernes Santo son atronadores en algunos pueblos de la provincia de Teruel; en Calanda, sobre todo. Allí, los miembros de las cofradías no dejan de tocar los tambores en señal de duelo por la muerte de Cristo.

¿QUÉ ES EL OLENTZARO?

Este individuo bonachón, que lleva chapela y está rodeado de regalos, es el personaje más querido de las niñas y los niños vascos. Después de leer las cartas que los chavales le mandan y buscar todos los juguetes que le piden, cada Nochebuena se acerca a sus casas para depositar grandes y pequeños paquetes llenos de diversión.

¿QUÉ ES «A RAPA DAS BESTAS»?

Lo que antes era el duro trabajo de cortar la cola y las crines de los caballos salvajes que capturaban los ganaderos, hoy se ha convertido en un conocido espectáculo, una llamativa fiesta popular de la que podemos disfrutar durante el mes de junio en Oia, en la provincia de Pontevedra.

¿QUÉ ES HALLOWEEN?

Esta fiesta se celebra la noche del 31 de octubre, víspera del Día de Difuntos. Según la costumbre, en Estados Unidos se hacen grandes hogueras y se acude a festejos ruidosos con el fin de alejar a los espíritus malignos que esa noche pululan por la tierra.

El símbolo de Halloween es la calabaza con ojos, nariz y boca.

Es típico de este día ofrecer comida y dulces a los niños.

¿QUÉ ES EL ADVIENTO?

Durante este periodo que se inicia el domingo siguiente al 26 de noviembre y concluye el 25 de diciembre, día de Navidad, los cristianos se preparan para «la venida», para el nacimiento de Jesús. En muchos hogares europeos se prepara una corona con cuatro velas.

Cada domingo se enciende una vela en espera del día de Navidad, en el que todas están encendidas.

¿QUÉ ES EL SABBAT?

El sabbat o sábado es el día festivo y sagrado de los judíos. Da comienzo al atardecer del viernes y acaba el sábado en el momento en el que se pone el sol.

En esta fiesta familiar, niños, jóvenes y adultos se reúnen en torno a la mesa para recordar que también Dios descansó después de la creación.

El pan y los alimentos que se toman en el sabbat han sido elaborados la víspera, ya que está prohibido, en este día, realizar casi cualquier actividad.

¿QUÉ ES LA GRAN PASCUA RUSA?

La Pascua es la fiesta más grande e importante del cristianismo ortodoxo. Los fieles de esta religión, después de siete semanas de ayuno, celebran con entusiasmo la resurrección de Jesús.

Una de las tradiciones más curiosas es decorar, con pintura roja, huevos de aves, símbolo de la resurrección en muchas culturas.

¿QUÉ ES EL TENAKH?

Éste es el nombre de la Biblia de los judíos, donde se cuenta la historia de su pueblo. En la parte llamada Torah se incluyen sus leyes, entre las que están los diez mandamientos que Dios reveló a Moisés.

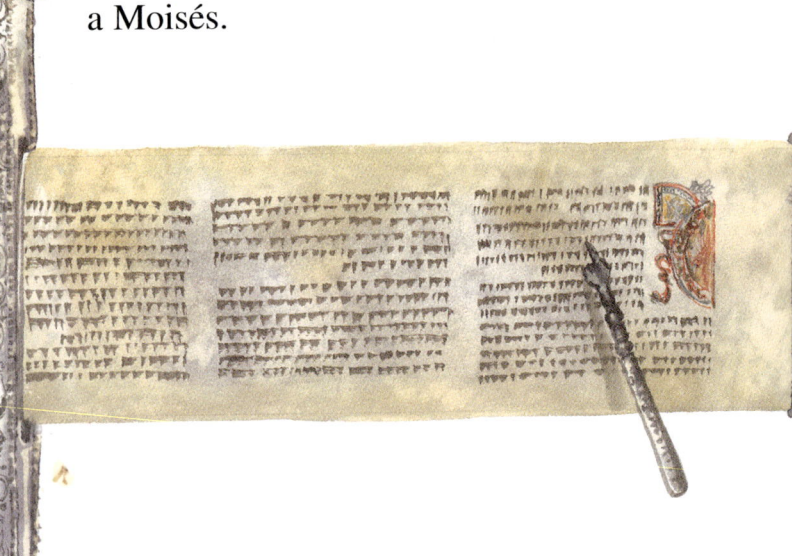

¿QUÉ ES EL TILAK?

Se trata del punto rojo que las mujeres hindúes llevan pintado en la frente. Para los hindúes simboliza la sabiduría o la fecundidad, y que además resulta un bonito adorno.

Ese «tercer ojo» es un recuerdo del que tenía, según la tradición, una de las antiguas diosas de la India.

¿QUÉ ES EL RAMADÁN?

El noveno mes del calendario musulmán, que es un calendario lunar, diferente al nuestro que es solar, es el mes del Ramadán.

Durante este tiempo, los musulmanes deben guardar ayuno durante todo el día hasta que se pone el sol.

¿QUÉ ES UN MOZÁRABE?

Los cristianos que durante la Reconquista vivían en territorio árabe se denominaban mozárabes. Aún hoy, en ciertas ocasiones, en Toledo se celebran misas y se aplica el culto según el rito mozárabe, distinto del latino (el normal en Occidente).

¿Y UN MUDÉJAR?

Los mudéjares eran los árabes que vivían en territorio conquistado por los cristianos, sin abandonar su religión. Dieron origen a un estilo de decoración arquitectónica única en el mundo.

¿QUÉ ES UN RABINO?

Los rabinos son los jefes espirituales de la religión judía. Ellos son los encargados de dirigir los ritos y rezos.

Conocen a fondo la ley contenida en su libro sagrado, y son los responsables de preservarla, interpretarla, y difundirla entre los creyentes, que se reúnen en las sinagogas para celebrar sus ceremonias.

¿QUÉ ES UN POPE?

Las iglesias ortodoxas son, probablemente, la rama más tradicional y conservadora del cristianismo, heredera directa de las primeras comunidades cristianas, fundadas por Pablo de Tarso en Asia Menor.

Estas iglesias son «autocéfalas», y se extendieron rápidamente por Rusia y Oriente.

Al frente de cada comunidad ortodoxa está un patriarca.

Los sacerdotes ortodoxos reciben el nombre de popes.

¿QUÉ ES UN BONZO?

500 años antes de Cristo, Buda predicó su doctrina por Extremo Oriente.

En los monasterios budistas, entre rezos, meditaciones y severas disciplinas se forman los monjes o bonzos.

La cabeza rapada y una túnica anaranjada son características de estos sacerdotes, que son tenidos por santos entre sus creyentes.

¿QUÉ ES UN PASTOR?

Los responsables de las parroquias de la Iglesia Protestante son los pastores. Dirigen las reuniones dominicales, leyendo fragmentos de la Biblia y entonando cánticos religiosos.

Existe una gran diversidad de confesiones «protestantes», que tienen en común la importancia que dan a la «Liturgia de la Palabra».

¿QUÉ ES LA ARQUEOLOGÍA?

El descubrimiento y estudio de restos de otras épocas pasadas permite saber cómo vivían nuestros antepasados.

Ése es el cometido de la arqueología. Los restos encontrados en las excavaciones son investigados por los arqueólogos, que los clasifican y determinan el periodo histórico al que pertenecen.

¿QUÉ ES EL CARBONO 14?

Toda materia viviente contiene cierta proporción de un tipo de carbono (14), que tras la muerte del ser vivo se va reduciendo a un ritmo constante. Con cada 5.600 años que pasan, se reduce a la mitad, y así, midiendo el que queda, puede saberse aproximadamente la fecha de la muerte. Ha sido un descubrimiento muy útil para la arqueología.

¿QUÉ ES UN FÓSIL?

Es el principal elemento de estudio de la paleontología. Los fósiles son restos de animales muertos, que se han conservado durante millones de años. Podemos encontrarlos convertidos en piedra o incluidos en ámbar (resina fósil).

¿QUÉ ES LA NUMISMÁTICA?

El uso de las monedas en el mundo viene de muy antiguo y su conocimiento aporta datos para el mejor conocimiento de la historia.

El estudio de las medallas y monedas como piezas artísticas y arqueológicas se llama numismática.

¿QUÉ ES UN QUILATE?

Un quilate es una unidad de peso para piedras preciosas, equivalente a 0,2 gramos. Se usa también, pero como medida de pureza, para metales preciosos, sobre todo en el oro.

Por definición, se asignan 24 quilates al oro puro al 100%. Así, una aleación de 12 quilates tendrá un 50% de oro, y la habitual, de 18, tendrá 18/24 => 75% de oro fino.

¿QUÉ ES LA NASA?

El conocimiento del espacio ha llevado a algunos países a crear organismos que se dedican a su investigación mediante el lanzamiento de satélites y naves espaciales. Un ejemplo de ello es la NASA norteamericana. Gracias a esta entidad, sostenida totalmente por los Estados Unidos, ha sido posible explorar, con sondas no tripuladas, buena parte del sistema solar.

¿QUÉ ES EL BRAILLE?

El francés Louis Braille (1809-1852) creó este alfabeto táctil gracias al cual los ciegos, o personas con la vista defectuosa, pueden leer, tocando con la yema de los dedos unos puntos en relieve que sustituyen a las letras impresas.

¿QUÉ ES UN COMETA?

Un cometa es una aglomeración de gases congelados y polvo. Cuando se acerca al Sol, los gases se vaporizan y se produce una luminosidad en forma de cabellera que el «viento solar» convierte en una larga y resplandeciente cola.

Antiguamente su paso era motivo de temores supersticiosos. Uno de los más famosos cometas es el Halley, que vuelve cada 76 años.
Se le espera, de nuevo,
para 2061.

¿QUÉ ES LA CRUZ DEL SUR?

En el hemisferio Sur, una constelación formada por cuatro estrellas en forma de cruz, es la Cruz del Sur.

No desempeña el mismo papel de «orientación» que Polaris en el hemisferio Norte, porque las estrellas de esta constelación están relativamente alejadas del Polo Celeste Austral, y no sirven por ello, como guía.

¿QUÉ ES UN BOICOT?

Un oficial británico retirado que administraba unas tierras en Irlanda se negó a aceptar las reducciones de rentas que le pedía la Liga Agraria.

Como modo de presión, los campesinos irlandeses decidieron hacerle el vacío ignorando sus disposiciones y negándose a pagar.

Este oficial, llamado Charles Cunningham Boycott, ha dado nombre a la ruptura de toda relación comercial y social con un individuo, sociedad o estado para perjudicar sus intereses, es decir, un boicot.

¿QUÉ ES UN JURADO POPULAR?

Es la forma de participación de los ciudadanos en la administración de la Justicia.

El jurado popular se compone de doce miembros que, presididos por un magistrado, enjuician determinados delitos. Una vez finalizado el juicio oral, el jurado delibera a puerta cerrada y vota sobre la culpabilidad o inocencia del acusado.

¿QUÉ ES UN LINCHAMIENTO?

A mediados del siglo XVIII, existía en Carolina del Sur un grupo de ciudadanos que mantenían la ley y el orden sin grandes formalidades y que ejecutaban a sus víctimas en un lugar llamado «Lynch Creek».

De este modo, su nombre quedó para siempre unido a esta forma injusta de hacer justicia.

ECONOMÍA Y SOCIEDAD

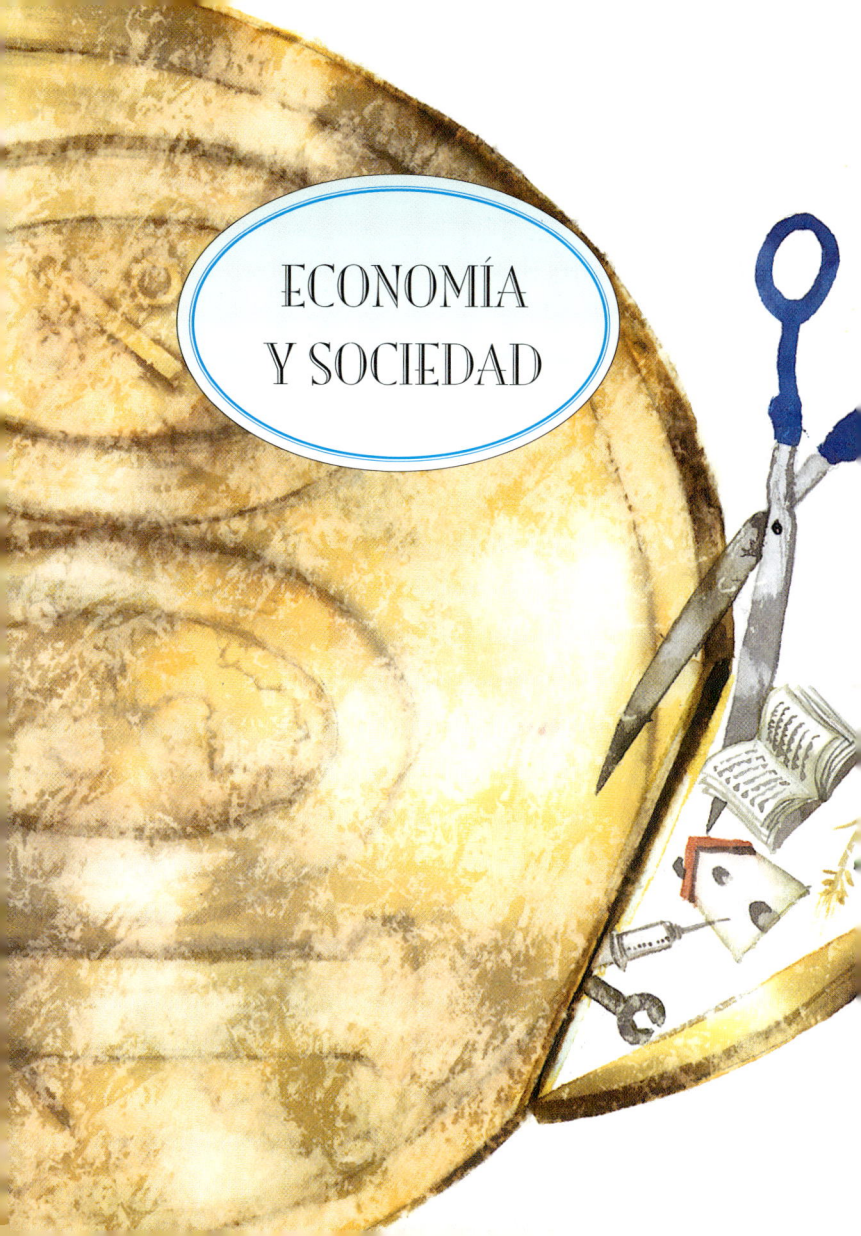

¿QUÉ ES UN CHEQUE O TALÓN?

Nuestro dinero se lo confiamos a los bancos. Para efectuar un pago se rellena un documento en el que se consigna la cantidad, la fecha y nuestra firma.

Ese documento es el cheque que puede ser convertido en dinero en las oficinas bancarias; allí lo descontarán después del dinero que tengamos depositado.

¿QUÉ ES UN CRÉDITO?

En ocasiones, cuando alguien quiere emprender un negocio o necesita dinero para comprar una vivienda, por ejemplo, solicita un préstamo –crédito– a una entidad bancaria.

Los bancos suelen prestar estas cantidades a cambio del pago de unos determinados intereses y la devolución total del dinero en un plazo de tiempo.

¿QUÉ ES UNA SOCIEDAD ANÓNIMA?

Es un tipo de asociación comercial en la que el capital aparece representado en forma de acciones. La sociedad es de todos los accionistas, que pueden repartirse los beneficios obtenidos al final de cada ejercicio, excepto la parte que destinen a reservas, de forma proporcional al número de títulos que posea cada uno de ellos.

¿QUÉ ES LA INFLACIÓN?

A veces, el dinero en circulación crece en mayor proporción que los bienes o productos que se ofrecen para su venta.

Eso determina que el dinero tenga menos valor, o sea, que, con la misma cantidad de dinero, podamos comprar menos cosas de las que comprábamos anteriormente.

Cuando esto sucede, se dice que hay inflación. Una tasa de inflación elevada puede poner en peligro la economía de un país.

¿QUÉ ES EL ESTRAPERLO?

En principio se trataba de una especie de ruleta que permitía manejos fraudulentos y que llevaba el nombre de sus inventores: Strauss y Perlowitz.

En España intentaron establecer este juego en 1934, pero se levantó tal escándalo, que desde entonces estraperlo se empleó con el significado de chanchullo y ventas clandestinas de artículos de comercio.

¿QUÉ ES LA SOCIEDAD DE CONSUMO?

El consumo consiste en la adquisición de productos imprescindibles para satisfacer nuestras necesidades y contribuir al desarrollo económico de los países.

Pero a veces, nos obsesionamos con la compra de cosas que no nos son necesarias, y caemos en lo que se denomina «consumismo».

¿QUÉ ES UN MONOPOLIO?

Existen empresas mercantiles que explotan en exclusiva alguna industria como el petróleo, el tabaco, la madera, etc.

Estas industrias pueden estar en manos de gobiernos o de empresas privadas a las que se les ha concedido el monopolio.

Con estos sistemas de explotación se ve desvirtuada la ley de la oferta y la demanda, lo que supone el encarecimiento de los productos monopolizados.

¿QUÉ ES EL APARTHEID?

Durante muchos años el gobierno blanco de Sudáfrica practicó la *política de separación* de las distintas razas existentes en el país, bajo el pretexto de darles una solución diferenciada.

> En realidad se trataba de una forma de racismo que impedía que una mayoría de raza negra pudiera acceder al gobierno.

Esta situación finalizó con la elección del líder de la mayoría negra, Nelson Mandela, como Presidente de Sudáfrica.

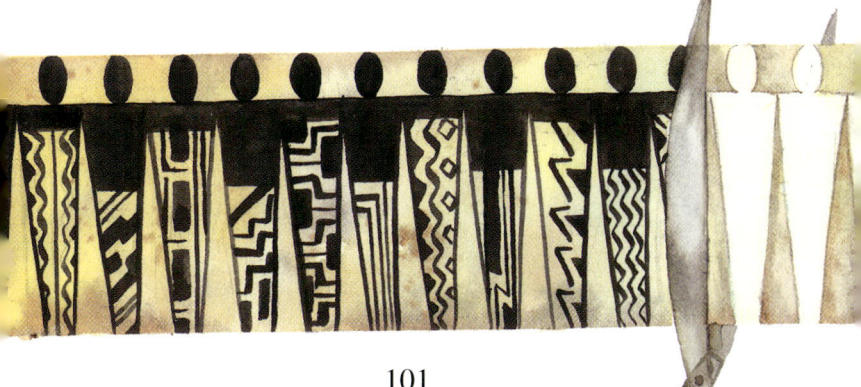

¿QUÉ ES EL TERCER MUNDO?

Existen países, la mayoría asiáticos, africanos y sudamericanos que tienen un nivel económico muy bajo y se les conoce como el Tercer Mundo.

Los países desarrollados, con su política económica basada en la maximización del beneficio a cualquier precio, contribuyen a que las desigualdades persistan y el Tercer Mundo no salga del subdesarrollo.

¿QUÉ ES LA CRUZ ROJA?

El suizo Henri Dunant, después de la Convención de Ginebra de 1863, fundó una institución de voluntarios con el fin de ayudar a los heridos y prisioneros de guerra, adoptando como símbolo una cruz roja sobre fondo blanco. Su equivalente en los países musulmanes es la Media Luna Roja. Actualmente colaboran, además, en casos de accidentes y catástrofes.

¿QUÉ ES UNA ONG?

Son las siglas de «Organización No Gubernamental». Se trata de asociaciones y fundaciones que intentan cubrir carencias en casos de necesidad, y que pueden obtener sus recursos al margen de los gobiernos.

¿QUÉ ES LA PLATAFORMA DEL 0,7%?

Es un movimiento ciudadano que plantea la necesidad de que los países más ricos destinen el 0,7% de su Producto Interior Bruto a contribuir al desarrollo de los países más desfavorecidos. Pero no tomando este hecho como una ayuda, sino como un acto de justicia y de reparto de la riqueza del planeta.

¿QUÉ ES LA EMIGRACIÓN?

Numerosas personas se ven en la obligación de dejar su tierra y trasladarse a otras regiones o países en los que establecerse, buscando una mejora de sus condiciones de vida. América y Australia, durante el pasado siglo, han recibido millones de emigrantes procedentes de Europa. Actualmente, un número creciente de africanos y asiáticos buscan, en Europa, una nueva patria, más benéfica que sus países de origen.

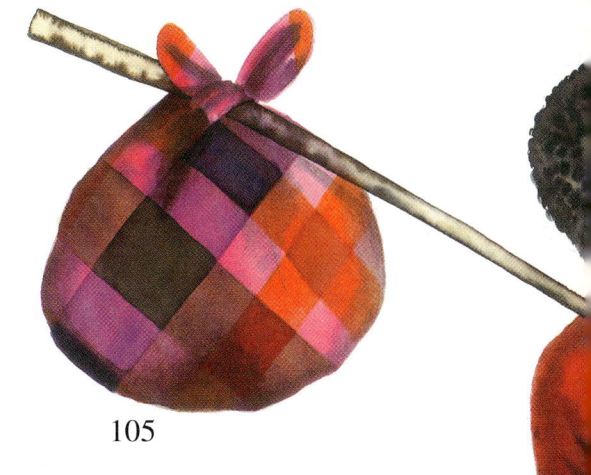

¿DÓNDE ESTÁ LA ONU?

En diciembre de 1945, Estados Unidos invitó a la Organización de las Naciones Unidas (ONU) a instalarse en su país.

La propuesta fue aceptada y al año siguiente se adquirió un solar que bordeaba el East River de Manhattan (Nueva York) y se construyó allí su sede permanente.

El complejo de varios edificios fue finalizado a mediados del año 1952.

HUELLAS DEL HOMBRE

¿QUÉ ES EL CAMINO DE SANTIAGO?

En el siglo XI, se extendió la noticia de la supuesta aparición de la tumba del apóstol Santiago en Galicia, en un lugar llamado «Campo de la Estrella» (Compostela).

Desde entonces se produjo una masiva afluencia de peregrinos, procedentes de toda Europa.
Todos los caminos terminaban en la tumba del apóstol y se fueron poblando de albergues, hospitales, puentes e iglesias, algunas verdaderas joyas del arte románico.
Los peregrinos, además de su fe, trajeron nuevas costumbres, ideas y conocimientos.

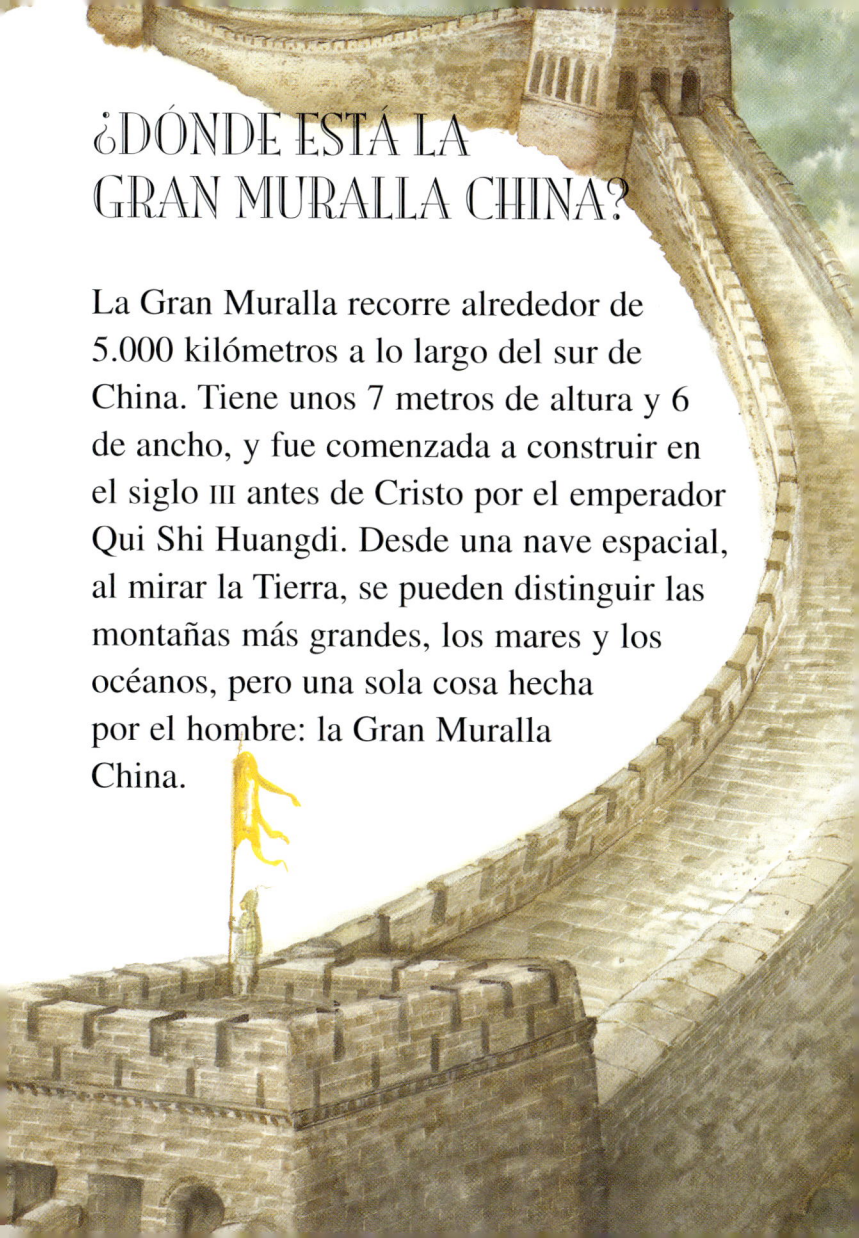

¿DÓNDE ESTÁ LA GRAN MURALLA CHINA?

La Gran Muralla recorre alrededor de 5.000 kilómetros a lo largo del sur de China. Tiene unos 7 metros de altura y 6 de ancho, y fue comenzada a construir en el siglo III antes de Cristo por el emperador Qui Shi Huangdi. Desde una nave espacial, al mirar la Tierra, se pueden distinguir las montañas más grandes, los mares y los océanos, pero una sola cosa hecha por el hombre: la Gran Muralla China.

¿QUÉ ES EL MERIDIANO 0?

Los meridianos son líneas imaginarias que rodean la Tierra pasando por los polos. Sirven para situar cualquier punto del globo terráqueo. El meridiano que sirve de referencia recibe el nombre de meridiano 0, también denominado de Greenwich, ya que pasa por esta localidad. También rige las mediciones horarias del mundo.

¿QUÉ ES EL ARCHIVO GENERAL DE INDIAS?

Este edificio sevillano fue encargado por Felipe II al arquitecto Juan de Herrera a finales del siglo XVI, para ser la lonja desde la que se controlara el comercio con las colonias de América.

Sin embargo, nunca cumplió esta finalidad y, tras tener diversos usos, desde 1784 es el archivo que guarda la documentación relativa a las colonias de América, unos 86 millones de manuscritos y 8.000 mapas.

¿DÓNDE ESTÁ LA CIUDAD PROHIBIDA?

Era una zona de la capital de China, Pekín, que estaba reservada para el Emperador. En su aspecto actual data del reinado del emperador Yong-Lo, quien la hizo construir siguiendo los criterios tradicionales de ciencias adivinatorias.

Tras el triunfo de la Revolución, los importantes palacios que albergaba se han convertido en un inmenso y rico museo.

¿DÓNDE ESTÁN LAS ANTÍPODAS?

Si desde la península Ibérica hiciéramos un túnel que, pasando por el centro de la Tierra, saliera al otro lado, apareceríamos en Nueva Zelanda. Se trata de un país formado por varias islas, situadas en el Pacífico, al sudoeste de Australia.

Los neozelandeses son, por lo tanto, nuestros antípodas, palabra que significa «pies opuestos».

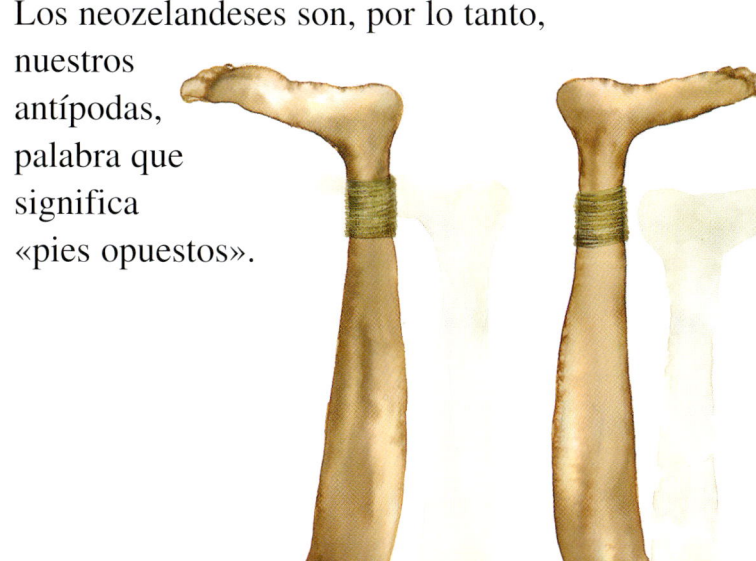

¿DÓNDE ESTÁ POMPEYA?

En el año 79, una erupción del Vesubio sepultó esta ciudad romana y a gran parte de sus habitantes. Pompeya y sus gentes quedaron ocultos bajo metros de cenizas, por lo que la ciudad permaneció prácticamente intacta.

De esta forma, los arqueólogos han podido reconstruir el ambiente de una ciudad de provincia de aquella época, con los más curiosos detalles: desde las vajillas de las casas, hasta las pinturas en los muros.

¿DÓNDE ESTÁ ATAPUERCA?

A principios del siglo XX, una compañía inglesa tendió una vía de tren que atravesaba la Sierra de Atapuerca, en Burgos.

Al excavar una trinchera, dejaron al descubierto lo que tras años de trabajos e investigaciones arqueológicas ha resultado ser uno de los yacimientos más importantes de Europa. Los restos humanos más antiguos hallados en el continente están aquí, y tienen unos 800.000 años.

¿QUÉ ES LA TORRE DE BABEL?

Según el Antiguo Testamento, fue levantada por los descendientes de Noé. Querían que la torre llegara hasta el cielo. Dios, enfadado por la soberbia de los hombres, creó entre ellos una gran confusión («babel», en hebreo) de lenguas y les dispersó por toda la Tierra.

¿DÓNDE ESTÁ EL TOBOSO?

Este municipio español pertenece a la provincia de Toledo. Tiene alrededor de 2.200 habitantes.

El Toboso quedó inmortalizado en *El Quijote*, obra de Miguel de Cervantes, por ser el lugar donde vivía Dulcinea, doncella de la que se había enamorado el Caballero de la Triste Figura.

¿DÓNDE ESTÁN LOS MOAIS?

En la isla de Pascua, que pertenece a Chile y se encuentra en el océano Pacífico.

A esta isla de origen volcánico, también se la conoce como *Rapa Nui*, que es el nombre de uno de sus volcanes. Pero por lo que más llama la atención, es por sus colosales esculturas, los moais, de más de 15 metros de altura, que hoy día siguen escondiendo el secreto de su construcción.

¿DÓNDE ESTÁ LA TORRE DE HÉRCULES?

Es el símbolo de la ciudad de La Coruña. La leyenda cuenta que cuando Hércules venció a Gerión, enterró su cabeza, construyó sobre ella una torre y fundó allí la ciudad.

Esta torre es, en realidad, un faro de la época romana que desde hace siglos ayuda a los barcos a llegar a puerto. Es el más antiguo de Europa en funcionamiento.

¿DÓNDE ESTÁ LA BASTILLA?

En la Edad Media se daba este nombre a los pequeños fuertes y fortalezas guarnecidos de torreones.

El más célebre por su importancia histórica es la Bastilla de París, construida en la Puerta de San Antonio, entre 1369 y 1382, utilizada como prisión del Estado. Se convirtió en símbolo del absolutismo real, y fue asaltada por el pueblo el 14 de julio de 1789, hecho que ha quedado en la historia como el inicio de la Revolución Francesa.

¿QUÉ ES LA TORRE DE LONDRES?

Esta antigua fortaleza de Londres sirvió durante largo tiempo de prisión del Estado. Emplazada en la orilla izquierda del Támesis, mide 27 metros de altura.

Su construcción la inició Guillermo el Conquistador. En ella estuvieron encarcelados personajes ilustres de la historia que fueron ajusticiados: Tomás Moro, Ana Bolena y María Estuardo, entre otros.

¿DÓNDE ESTÁ LA MAESTRANZA?

Es una de las plazas de toros más antiguas de España. Se encuentra en Sevilla y fue construida entre 1861 y 1881. Tiene un aforo de 14.000 espectadores, que con su agitar de pañuelos son los que deciden qué toreros pueden salir a hombros por su puerta principal, la llamada «Puerta del Príncipe», lo que es el sueño de todos los matadores de toros.

Las ferias taurinas de Sevilla y Madrid son las mejores y más exigentes del mundo.

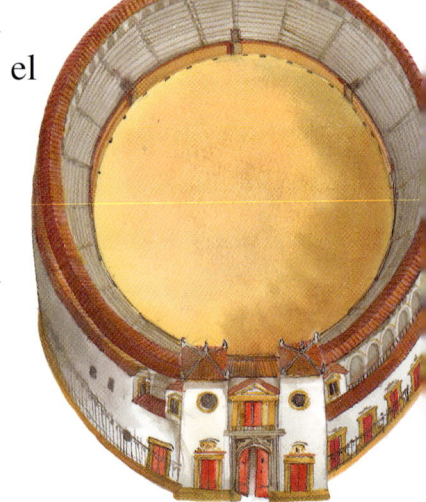

¿DÓNDE ESTÁ TROYA?

Se encuentra en la actual Turquía, en el extremo noreste de Asia Menor.

Se cree que *La Ilíada*, leyenda escrita por Homero, se basa en hechos verídicos.

Troya fue destruida por el fuego a principios del siglo XII a.C.

¿QUÉ SON LAS CABEZAS OLMECAS?

La importante cultura olmeca, mucho más antigua que la maya o la azteca, era casi desconocida hasta el descubrimiento, en 1942, de la primera «cabeza gigante».

Estas monumentales esculturas, de las que se han encontrado 17, tienen diámetros de entre 1,5 y 3 metros y pesan hasta 60 toneladas.

Los olmecas se remontan al año 1500 a.C. y sobrevivieron hasta el 500-300 a.C.

¿QUIÉN FUE TUTANKHAMON?

Fue un faraón que, aunque sólo vivió hasta los 18 años, es uno de los más famosos, debido a que su tumba, excavada en el Valle de los Reyes, es una de las pocas que se ha encontrado intacta.

Su hallazgo, en 1922, ayudó a conocer mejor la cultura egipcia mediante uno de los más fabulosos tesoros que se conocen.

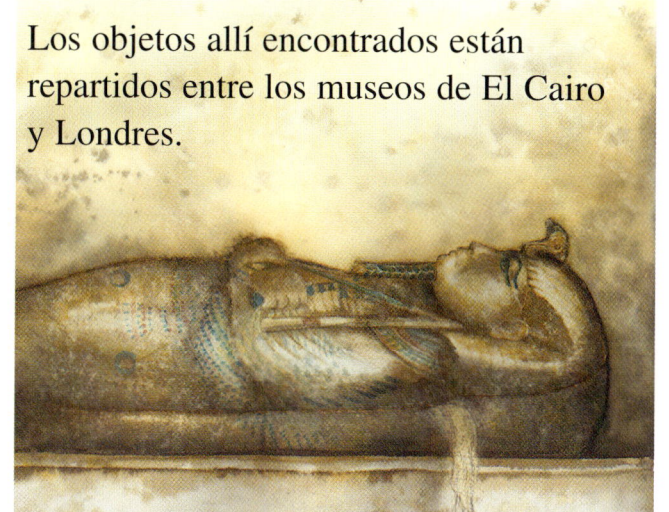

Los objetos allí encontrados están repartidos entre los museos de El Cairo y Londres.

¿DÓNDE ESTÁ EL TITANIC?

En el fondo del mar, partido en dos, según se comprobó al encontrar sus restos en 1985. Era un transatlántico cuyas notables dimensiones (271 metros de longitud y 60.000 toneladas de desplazamiento) y lo lujoso de sus instalaciones lo convirtieron en el más importante de su época.

En la noche del 14 de abril de 1912, al chocar con un iceberg, se hundió al sur de Terranova, con las 1.500 personas que perecieron en
el naufragio.

¿QUÉ ES EL LABERINTO DE CRETA?

Según la mitología griega, en el palacio del rey Minos existía un laberinto en el que había un monstruo con cuerpo humano y cabeza de toro conocido como el Minotauro.

Este palacio estaba en Cnosos, al norte de la isla de Creta, cerca de la actual ciudad de Heraklion.

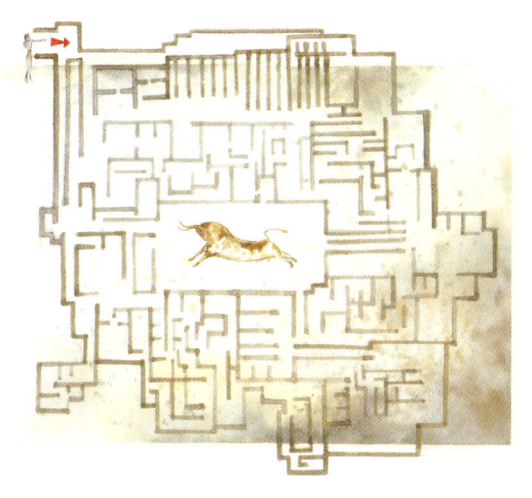

¿DÓNDE ESTÁ LA MECA?

La Meca es la ciudad santa de los musulmanes, a la que deben ir y visitar su mezquita, al menos una vez en su vida; está en Arabia Saudí. En el interior, en un edificio en forma de cubo llamado Kaaba, cubierto por una inmensa seda negra con versículos del Corán, se encuentra la Piedra Negra, que según la tradición el arcángel Gabriel trajo a Abraham, cuya tumba también está allí.

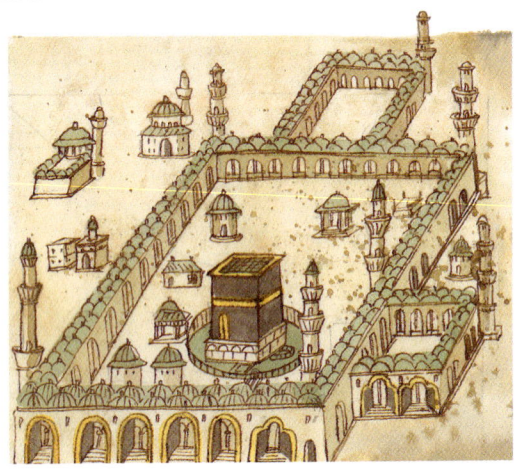

¿QUÉ ES LA BATALLA DE LEPANTO?

El 7 de octubre de 1571 tuvo lugar la batalla naval de Lepanto en el golfo griego del mismo nombre, en el mar Jónico.

> La escuadra cristiana venció claramente a la flota turca.
> La armada cristiana la formaron galeras de España, Venecia y Roma.
> La batalla duró cinco horas y murieron unos 35.000 hombres.

Miguel de Cervantes participó en la contienda, perdió el uso de un brazo y le apodaron por ello «el manco de Lepanto».

¿QUÉ ES LA PIEDRA ROSETTA?

En 1799 los soldados de Napoleón encontraron, cerca de la ciudad egipcia de Rosetta, un bloque de basalto negro de poco más de un metro de altura con inscripciones en tres lenguas: demótica, griega y jeroglífica.

Este hallazgo dio la clave a Champollion para descifrar la escritura jeroglífica. Se conserva en el Museo Británico de Londres.

¿DÓNDE ESTÁ LA PRESA DE ASUÁN?

En Egipto, cuyas tierras eran inundadas periódicamente, a veces en exceso, por el río Nilo.

Para regular estas crecidas, con la ayuda de la Unión Soviética se construyó la presa de Asuán, que fue terminada en 1971.

Tiene un dique de 180 metros de altura y más de 3,5 kilómetros de largo.

¿DÓNDE ESTÁ LA ESTACIÓN MIR?

En 1986 la antigua Unión Soviética puso en órbita un centro de operaciones y laboratorio espacial. La estación Mir, que quiere decir Paz, dio vueltas alrededor de la tierra a 400 kilómetros de altura hasta el año 2001.

Su misión principal era el estudio del comportamiento del organismo humano en el espacio. En esta estación el ruso Valeri Poliakov batió el récord de permanencia en órbita con 438 días.

¿DÓNDE ESTÁ LA PUERTA DEL SOL?

Su nombre proviene del Sol que adornaba el postigo allí situado, en la antigua muralla medieval.

El proyecto de la plaza data de 1857, aunque posteriormente se han hecho varias remodelaciones.

Se encuentra en el centro de Madrid y en ella está el símbolo de la ciudad: la estatua del oso y el madroño. Recientemente, también se ha incorporado una estatua ecuestre de Carlos III.

¿DÓNDE ESTÁ HIROSHIMA?

En Japón. El 6 de agosto de 1945, a las 8:15, un bombardero estadounidense arrojó sobre la ciudad de Hiroshima la primera bomba atómica.

Este ataque provocó la rendición del emperador Hiro-Hito y el final de la guerra en el Pacífico. La ciudad fue devastada, se contaron 80.000 muertos, 100.000 heridos y 200.000 personas perdieron su hogar.

¿QUÉ ES EL PASO DE LAS TERMÓPILAS?

Es un desfiladero que se encuentra en Grecia. Allí en el año 480 a.C., Leónidas, con un pequeño número de hombres, intentó cerrar el paso al numeroso ejército de Persia. Todos los defensores del paso perecieron, pero opusieron una heroica resistencia, lo que hizo que este enfrentamiento pasara a la historia.

¿DÓNDE ESTÁ EL ÁRBOL DE GUERNICA?

Este histórico roble que hay en la villa de su nombre, en Vizcaya, es el símbolo de las libertades vascas. Bajo su sombra se reunían los representantes de las comunidades para deliberar. En el año 1892, el roble centenario fue renovado con uno de sus retoños y se le venera como al primitivo, del cual se guarda aún el tronco seco.

¿DÓNDE ESTÁ BELÉN?

Cuenta uno de los Evangelios que el emperador Augusto ordenó empadronarse a todos los súbditos del Imperio Romano.

Con tal motivo José y María fueron a Belén, en Judá. Allí, en un establo, María dio a luz a Jesús, que, según la creencia cristiana es el Hijo de Dios hecho hombre para redimir al mundo y ofrecer a la humanidad, con su propio ejemplo, la esperanza de la resurrección.

¿QUÉ ES EL MALECÓN DE LA HABANA?

Un malecón es una muralla que suele hacerse para defensa de los daños que puedan ocasionar las aguas del mar.

En el siglo XIX la expansión de la ciudad de La Habana dio lugar a la construcción de nuevos barrios y, junto a éstos, a la avenida del malecón, lugar preferido, tanto por los cubanos como por los turistas que visitan la ciudad, para pasear y reunirse, por su bonita vista.

¿QUÉ ERA TARTESSOS?

Durante la primera mitad del primer milenio antes de Cristo, existió en el suroeste de la península Ibérica un reino de fabulosas riquezas denominado Tartessos.

La cultura tartésica se extendía por el bajo Guadalquivir y bajo Guadiana. Hoy suponemos que los tartesios explotaron las minas circundantes de cobre y plata. Pero se sabe muy poco de todo ello.

¿QUÉ ES LA RUTA DE LA SEDA?

Fue una ruta de caravanas que durante la Edad Media ponía en contacto Europa con Oriente. Partía de Antioquía y llegaba hasta el mar de la China pasando por numerosos países. A través de esta ruta se intercambiaban mercancías de todo tipo, como sedas, pieles, sándalo, etc., como se describe en *El libro de las Maravillas*, de Marco Polo.

ESPACIOS NATURALES

¿DÓNDE ESTÁ EL MAR DE LA TRANQUILIDAD?

Si alguien quisiera bañarse en este mar, no podría hacerlo. Se conoce por «mar de la Tranquilidad» a una de las llanuras oscuras de la Luna, que denominaron «mares» los observadores del siglo XVIII.

Se encuentra en el cuadrante nordeste, entre los mares de la Serenidad y de la Fecundidad.

¿DÓNDE ESTÁN LOS FIORDOS NORUEGOS?

Uno de los mayores atractivos turísticos de Noruega son sus conocidos fiordos. Los glaciares excavan valles profundos a su paso. Cuando el hielo de los glaciares se funde, el nivel de las aguas del mar sube, y se inunda el valle formando un fiordo. Quedan como golfos estrechos y encajonados que penetran bastantes kilómetros en la tierra formando unas costas muy bellas y escarpadas.

¿DÓNDE ESTÁ EL DRAGO MILENARIO?

Este extraño árbol sólo vive en las islas Canarias, en Tenerife. Parece un cactus gigante. Su tronco, al crecer, no forma los anillos que nos permiten contar los años de los árboles, por lo que es muy difícil calcular su edad. Se cree que algunos ejemplares alcanzan miles de años, como el de Icod de los Vinos, que es el drago más antiguo que se conoce.

¿DÓNDE ESTÁ LA TIERRA DE FUEGO?

Situada en el extremo meridional de América del Sur, la separa del continente el estrecho de Magallanes.

Está constituida por una extensa isla y otras menores desperdigadas por el Atlántico y el Pacífico. En su mayor parte pertenece a Chile y el resto a Argentina. El nombre se debe a Magallanes, por fogatas que hacían los que allí vivían.

El clima es riguroso en invierno y los veranos son cortos y frescos.

¿DÓNDE ESTÁ EL GANGES?

Este río, que recorre la India a lo largo de 2.700 kilómetros, es sagrado para los hindúes, que consideran sus aguas purificadoras, especialmente a su paso por Benarés. A esta ciudad acuden miles de peregrinos para bañarse en un importante rito. En el río se esparcieron las cenizas de Gandhi, como se esparcen las de numerosos cadáveres que se incineran constantemente
en sus orillas.

¿DÓNDE ESTÁ LA FOSA DE LAS MARIANAS?

En el océano Pacífico, bajo el archipiélago de las islas Marianas, a una profundidad de 11.034 metros se encuentra la fosa Challenger.

Es el punto más profundo de la Tierra. En 1960 Jacques Piccard realizó aquí la primera inmersión en batiscafo (sumergible tripulado).

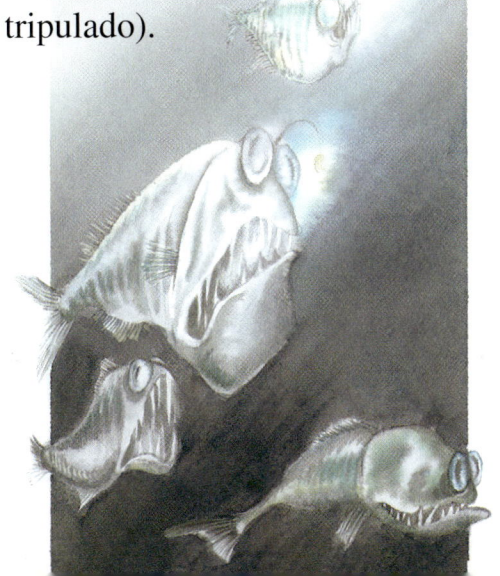

¿DÓNDE ESTÁ EL ATOLÓN DE BIKINI?

En Micronesia, a mitad de camino entre Nueva Guinea y las Hawai, se encuentra el atolón de Bikini. Consiste en un anillo de veinte pequeñas islas de coral.

Entre 1946 y 1958 se realizaron en este lugar las primeras pruebas de la bomba atómica por técnicos estadounidenses.

¿DÓNDE ESTÁ EL OLIMPO?

El monte Olimpo, con sus 2.917 metros de altitud, es el más elevado de Grecia. Está situado cerca del mar Egeo, en la frontera de Macedonia y Tesalia.

En la mitología griega se creía que era el hogar de los doce dioses y donde Zeus, dios supremo, padre de los hombres y de los dioses, tenía su trono.

¿DÓNDE ESTÁ EL GRAN CAÑÓN DEL COLORADO?

En una árida meseta del estado norteamericano de California, el río Colorado, llamado así por el color rojizo de sus aguas, ha excavado una hermosísima y profunda garganta, que en algunos puntos llega a alcanzar los 1.800 metros, lo que la convierte en una de las bellezas naturales más admiradas del mundo.

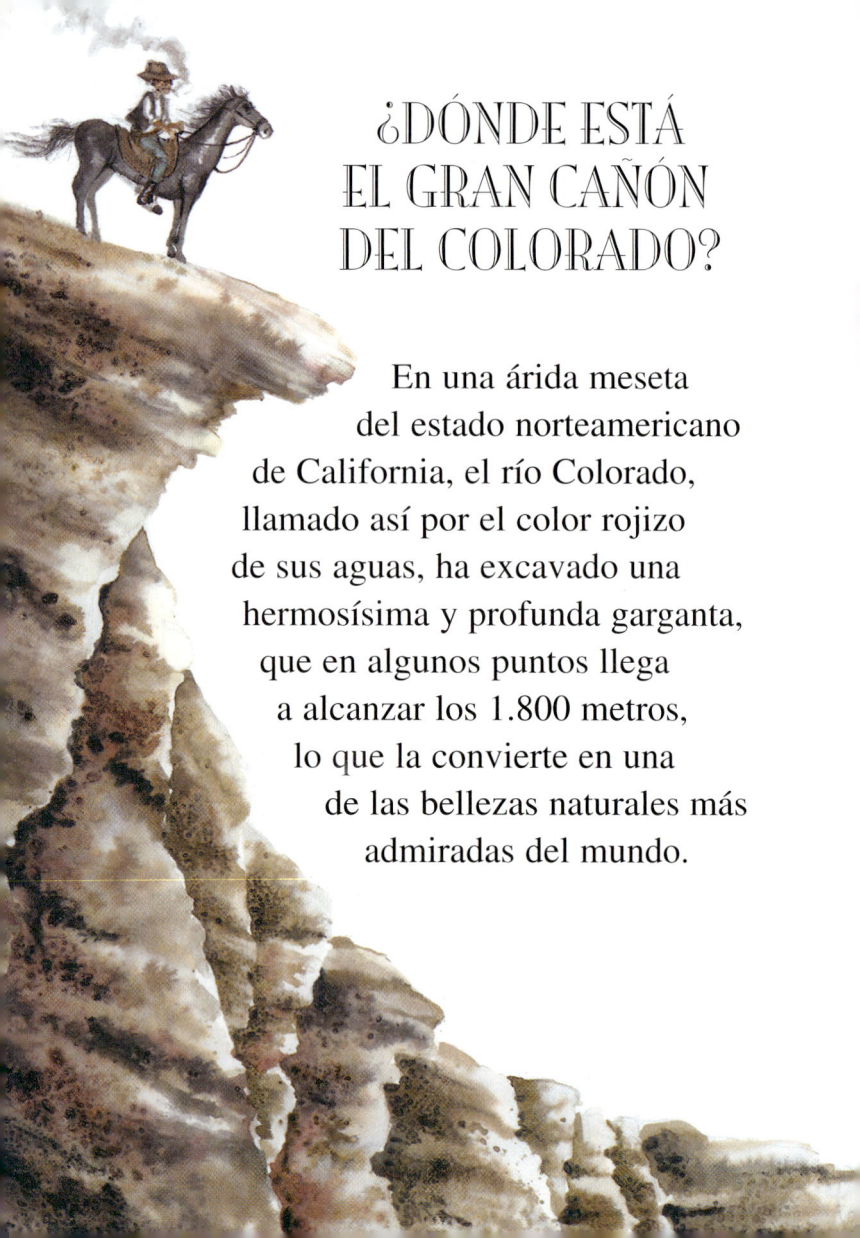

¿DÓNDE ESTÁ LA AURORA BOREAL?

La aurora boreal es un fenómeno atmosférico que tiene lugar en el hemisferio Norte. Se caracteriza por una gran luminosidad que se produce generalmente por encima de los 60° de latitud. Consiste en manchas luminosas de varias tonalidades.

Provoca interferencias de teléfono, radio y televisión.

¿DÓNDE ESTÁ EL MAR CASPIO?

Con sus 423.300 km^2, es el mayor lago del mundo. Sus aguas bañan las tierras de Rusia, Irán y algunas repúblicas de la antigua Unión Soviética.

Aunque se trata de un extenso lago, su comportamiento es el de un mar, con grandes oleajes y tormentas.

En las aguas del Caspio se pesca el esturión, con cuyas huevas se obtiene el exquisito caviar.

¿DÓNDE ESTÁ GROENLANDIA?

Es la mayor isla del mundo. Situada entre el mar de Baffin y el océano Ártico, pertenece a Dinamarca.

Tiene 2.175.000 km^2, en su mayor parte cubiertos de hielo. La mayor parte de sus 32.000 habitantes son esquimales dedicados a la caza y a la pesca.

Debe su nombre a Eric «El Rojo» que el el año 980 la llamó «Groen-land» (tierra verde), por haber hallado en su extremo meridional un bosque de abedules.

¿DÓNDE ESTÁ EL PARQUE DE ORDESA?

En el Pirineo aragonés se halla uno de los parques nacionales más antiguos y sobrecogedores.

En él se encuentra el Monte Perdido. Su extensión es de 15.709 hectáreas.

La belleza de sus paisajes y la variedad de su vegetación y fauna lo convierten en uno de los parques más visitados.

Su joya faunística es la cabra montés.

¿DÓNDE ESTÁN LAS ISLAS GALÁPAGOS?

Las islas Galápagos, también llamadas Colón, son un archipiélago del Pacífico perteneciente a Ecuador. Consta de trece islas mayores y varios islotes.

Pese a su escasa fauna y pobre vegetación, es, sin embargo, un paraíso para algunos ejemplares únicos, como las iguanas marinas, cormoranes y diversas especies de galápagos que dan nombre al archipiélago.

¿DÓNDE ESTÁ EL MAR MUERTO?

Se encuentra en Palestina, entre Jordania e Israel. La densidad de las aguas del mar Muerto es muy superior a la normal; resulta difícil sumergirse y para flotar no se necesita ningún esfuerzo.

La gran cantidad de sales disueltas en sus aguas hace que sea imposible la vida animal y vegetal. Por el contrario, sí permite la explotación, con fines comerciales, de productos como la potasa, magnesio y bromo.

¿DÓNDE ESTÁ EL DANUBIO?

Es un gran río de Europa, que nace en la Selva Negra. Tras 2.650 kilómetros de curso, navegables en su mayor parte, desemboca en el mar Negro. Pasa por Alemania, Austria, Hungría, Yugoslavia y Rumania, y sirve de límite entre estas dos últimas, así como entre Rumania y Bulgaria.

> Sus aguas han servido de inspiración a poetas y músicos, que las han cantado en sus composiciones.

¿DÓNDE ESTÁ EL MONT BLANC?

Es el pico más elevado de Europa, alcanza los 4.810 metros.

> Se encuentra en la cordillera de los Alpes, en la frontera entre Francia, Italia y Suiza.
> Un túnel de 11.600 metros lo atraviesa, comunicando Francia e Italia.

Alcanzaron su cima por primera vez en 1786 los alpinistas franceses Jacques Balmat y Michel Paccard.

¿DÓNDE ESTÁ LA ISLA TORTUGA?

La Tortuga es un islote situado en el Caribe, al norte de Haití, bautizado así por Colón, debido a su forma.

Desde 1630 hasta finales del siglo XVII fue guarida de piratas. Allí se formó una legendaria sociedad de delincuentes, conocida como la «Cofradía de los Hermanos de la Costa».

¿DÓNDE ESTÁN EL POLO NORTE Y EL POLO SUR?

Son cada uno de los puntos en que la esfera terrestre corta el eje imaginario en torno del cual verifica nuestro planeta su ciclo rotatorio de 24 horas de duración. Se les conoce con el nombre de polo Norte, boreal o ártico, y polo Sur, austral o antártico. En su entorno, se extienden dos grandes zonas llamadas casquetes polares. El clima es muy riguroso y son los lugares más fríos de la Tierra.

¿DÓNDE ESTÁ EL LAGO NESS?

Ciertos rumores aseguran que allí habita un fantástico monstruo. Sea o no leyenda, lo cierto es que este lago escocés, situado en la larga depresión del Glen More, es uno de los más famosos del mundo y destino turístico de numerosos viajeros que se acercan al lago con la esperanza, siempre vana, de ver al monstruo.

¿DÓNDE ESTÁ EL LAGO TITICACA?

En el altiplano Andino, entre Bolivia y Perú, a 3.812 metros sobre el nivel del mar, se encuentra el lago Titicaca.

Gracias a la humedad que proporciona la elevada evaporación de las aguas del lago, las temperaturas, que debían ser extremas, se suavizan, favoreciendo el asentamiento humano.

¿DÓNDE ESTÁN LOS MONTES VIRUNGA?

En África Central, en los límites de Ruanda, Uganda y el Congo, se encuentran estos montes, formados por numerosos volcanes actualmente apagados. En ellos habita uno de los pocos grupos de gorilas salvajes.

La bióloga Diane Fossey vivió con ellos gran parte de su vida, estudiando sus costumbres, y fue asesinada por cazadores furtivos, a los que se había enfrentado.

¿DÓNDE ESTÁ MACHU PICCHU?

En un lugar de la cordillera de los Andes, al norte de Cuzco, en Perú, a más de 2.400 metros de altura, se encuentra esta antigua ciudad inca. Fue construida en el siglo XIV. Pasó inadvertida para los españoles, y no fue redescubierta hasta 1911.

Su emplazamiento y sus impresionantes construcciones hacen de Machu Picchu motivo de admiración.

¿QUÉ SON LOS ICEBERGS?

En las aguas de los mares árticos y antárticos flotan a la deriva enormes trozos de hielo desgajados de los glaciares. Son los icebergs, de los que la parte visible representa una octava parte de su tamaño, quedando el resto sumergido.

A veces alcanzan tal tamaño que resultan un peligro, como fue el caso del naufragio del famoso transatlántico *Titanic*, que se debió al choque con una de estas montañas de hielo.

¿QUÉ ES EL PARAÍSO TERRENAL?

Según la Biblia, Dios puso a Adán y Eva en un lugar ideal, en el que todo era gratis y los dos vivían felices. Pero Adán y Eva desobedecieron a su creador y fueron expulsados del Paraíso.

Algunos han llegado a afirmar que este lugar único, maravilloso –y legendario– estuvo situado entre los ríos Tigris y Éufrates.

PUEBLOS

¿QUIÉNES SON LOS JÍBAROS?

En lo más profundo de la selva amazónica, entre Ecuador y Perú, habita el pueblo jíbaro. La agricultura, la pesca y la caza son la base de su economía.

Este pueblo, belicoso y amante de su independencia, ha logrado subsistir hasta el presente. Su fama se debe al arte de reducir las cabezas de sus víctimas al tamaño de un puño. Con ello los jíbaros creen evitar la venganza de los muertos.

¿QUIÉNES SON LOS TUAREG?

Los tuareg, también llamados «hombres azules» por el color de su ropa, son un pueblo norteafricano de raza bereber, con abundante mestizaje de negros sudaneses.

Al vivir entre la montaña y el desierto, han podido conservar su lengua y sus costumbres, que son principalmente el nomadismo y su independiente forma de ser.

Actualmente se reparten por los estados de Malí, Níger, Libia y Argelia.

¿QUIÉNES SON LOS COSACOS?

Los cosacos eran pueblos nómadas o semisedentarios que se asentaron a finales siglo XV en las estepas del sur de Rusia.

Su origen es incierto. Eran excelentes guerreros y jinetes, muy temidos por sus adversarios.

¿QUIÉNES SON LOS PIGMEOS?

El rasgo que, sin duda alguna, caracteriza a este pueblo africano es su corta estatura, que no llega a alcanzar los 1,5 metros, además de unas cualidades que les confieren unos caracteres propios como raza.

Viven en pequeños grupos extendidos por el interior de algunas regiones selváticas del África central y se alimentan de la caza y la recolección de frutos

¿QUIÉNES SON LOS SIOUX?

Las «películas del Oeste» popularizaron a este pueblo indígena de las llanuras del norte de EE UU. Lo formaban numerosas tribus extendidas entre el río Misisipi y las montañas Rocosas. A principios del siglo XIX, dominaban las regiones que son hoy los estados de Dakota del Norte y del Sur, Nebraska y Wyoming.

En la actualidad sólo viven unos cuantos miles de indios sioux en las reservas.

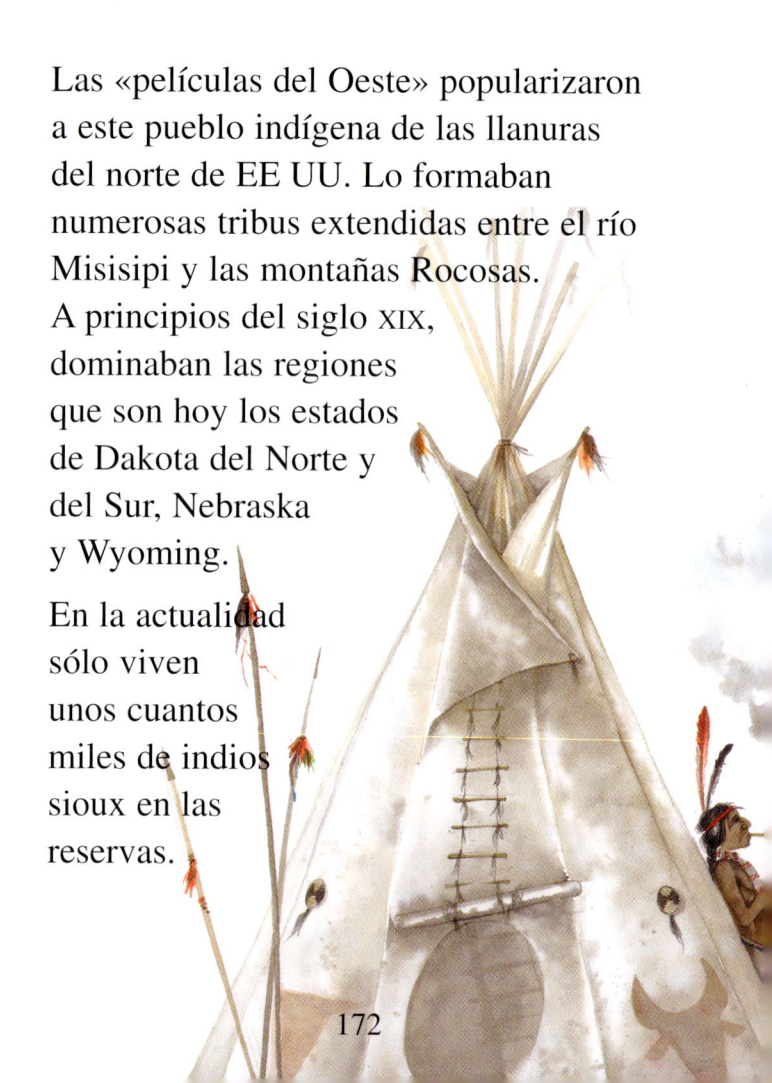

¿QUIÉNES SON LOS ESQUIMALES?

Habitan en América del Norte, entre Alaska y Groenlandia. Son de baja estatura, piel amarillenta y ojos oblicuos.

Se dedican a la caza y a la pesca, actividades de las que obtienen lo necesario para vivir. Se refugian en los iglús, construcciones semiesféricas de bloques de hielo.

¿QUIÉNES SON LOS BEDUINOS?

Se llaman así los árabes nómadas que viven en el desierto. Nunca han conocido fronteras, y se han dedicado al pastoreo y al comercio.

Aún hoy se encuentran caravanas cruzando el desierto, aunque ya no transportan sal y esclavos negros. Este siniestro comercio humano –corriente en África desde la Antigüedad– ha persistido hasta hace poco más de un siglo.

¿QUIÉNES SON LOS MASAI?

Este pueblo habita en Kenia y Tanzania. Son nómadas y se dedican fundamentalmente al pastoreo. Construyen sus chozas con estiércol de vaca seco y las disponen formando un círculo, en cuyo interior se resguarda el ganado.

Los jóvenes deben pasar por un rito de iniciación en el que son circuncidados y se les rasura la cabeza, para pasar a la categoría de guerreros.

¿QUIÉNES SON LOS KURDOS?

Los kurdos son los naturales del Kurdistán, comarca montañosa y de agrestes valles del Asia occidental, que comprende territorios de Irán, Iraq y Turquía. Son de religión musulmana y poseen lengua y cultura propias.

Mantienen una larga lucha por su independencia con los estados que actualmente se reparten su territorio.

OBRAS DE ARTE

¿DÓNDE ESTÁ LA CÚPULA DE SANTA MARIA DEL FIORE?

En la catedral de Florencia (Italia), se encuentra la famosa cúpula renacentista, construida por Filippo Brunelleschi entre 1420 y 1436, con las máquinas que él mismo inventó. Se trata de una cúpula ovoide de ocho caras. Su interior fue pintado al fresco por Vasari y Zuccaro entre 1572 y 1579.

¿DÓNDE ESTÁ EL GUERNICA?

Este famoso cuadro, que está ahora en el Museo Nacional de Arte Contemporáneo Reina Sofía, fue presentado por Picasso en la Exposición Universal de París de 1937.

Con él, el pintor quiso denunciar el brutal bombardeo al que sometió la aviación alemana al pueblo vasco de Guernica.

El cuadro, de enormes proporciones,
se ha convertido en un símbolo contra la guerra.

¿QUÉ SON LAS PIRÁMIDES DE EGIPTO?

Las más famosas son las de los faraones Kheops, Kefren y Micerino, en el oasis de Gizeh, muy cerca de El Cairo.

Son la forma de enterramiento que los faraones usaron durante muchos años. La llamada Gran Pirámide, de Kheops, llega los 145 metros de altura y 230 de base. Es tal su solidez, que han resistido decenas de siglos de destrucciones de los elementos y de los hombres.

¿DÓNDE ESTÁ EL PÓRTICO DE LA GLORIA?

Todos los peregrinos que llegan a la catedral de Santiago de Compostela deben pasar por esta puerta y ver la firma del maestro Mateo, su realizador.

Componen este pórtico más de doscientas figuras. Fue terminado en 1183 y el maestro Mateo quiso para estas figuras una expresión, alegre, amable y sonriente, como si quisieran dar la bienvenida a los peregrinos...

¿DÓNDE ESTÁ LA PAGODA DE ORO?

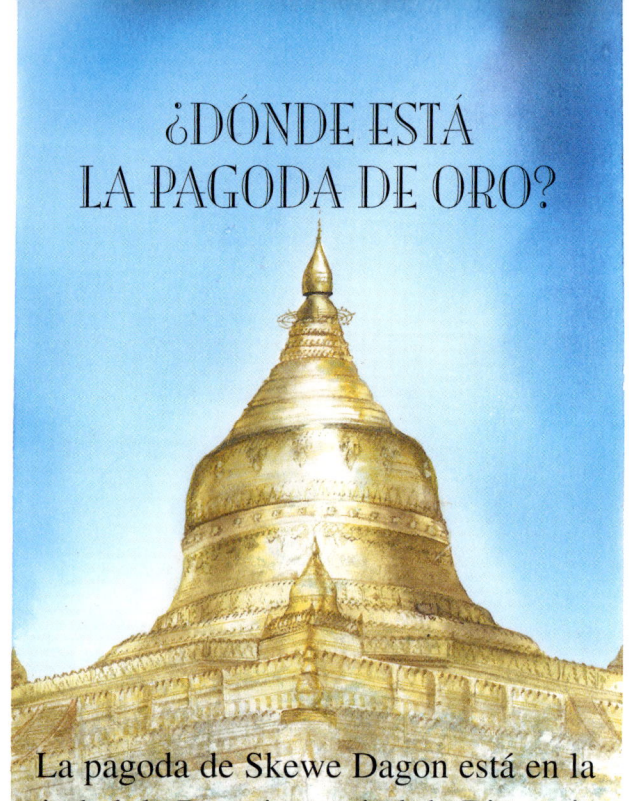

La pagoda de Skewe Dagon está en la ciudad de Rangún, capital de Birmania. Es uno de los primeros y más importantes templos budistas. Levantada en el siglo IV a.C., está recubierta de oro y coronada por más de 4.000 diamantes. Es lugar de peregrinación permanente los budistas birmanos.

¿DÓNDE ESTÁ LA ALHAMBRA?

Alhambra significa «la roja», nombre que recibió esta edificación por el color de sus muros, hechos con ladrillos de arcilla roja de la colina sobre la que se levanta, en Granada. Este soberbio edificio árabe produce una gran admiración, como otras construcciones granadinas.

¿QUÉ SON LOS GIRASOLES DE VAN GOGH?

El pintor holandés Van Gogh pintó este cuadro durante su estancia en Arlés en 1888, para decorar su «casa de los artistas». En 1987 una compañía de seguros japonesa lo compró por más de 30 millones de euros, lo que contrasta con las penurias económicas que pasó el pintor en vida.

¿QUÉ ES LA MEZQUITA DE CÓRDOBA?

Fue comenzada por Abderramán I en el año 785, como símbolo del poder del Islam en España. El «bosque de columnas», más de 850, hechas en granito, jaspe y mármol, es uno de los más bellos ejemplos de arquitectura islámica en el mundo occidental.

¿DÓNDE ESTÁN LAS MENINAS?

Puedes admirar esta obra maestra en el Museo del Prado de Madrid. Este cuadro de Velázquez data de 1656 y es un retrato colectivo de la familia de Felipe IV. Nos presenta al propio pintor retratando a los reyes ante su hija Margarita. La princesa es atendida por dos «meninas» (doncellas) y acompañada por diversos servidores y un perro.

¿SABES CUÁNDO...?

¿CUÁNDO SE DESCUBRIÓ EL PRINCIPIO DE EMPUJE DE LOS FLUIDOS?

Hacia el año 236 a.C., el sabio griego Arquímedes, descubrió que la cantidad de agua derramada por una bañera llena hasta el borde equivalía al volumen de su cuerpo al sumergirse, y que la aparente pérdida de peso era igual al peso del agua desalojada. Entonces gritó: ¡Eureka! («¡lo encontré!»). Éste es el llamado *principio de Arquímedes*.

¿CUÁNDO SE DESCUBRIÓ LA ESCRITURA?

Hacia el 3100 a.C. los sumerios inventaron la escritura cuneiforme. Sobre arcilla húmeda se trazaban, con un estilo, signos que representaban sonidos y que, combinados, formaban palabras.

¿Y NUEVA GUINEA?

En 1545, el navegante español Íñigo Ortiz de Retes descubrió la isla que llamó Nueva Guinea cuando regresaba de una expedición que partió de la Nueva España, en el año 1541.

¿CUÁNDO SE DESCUBRIÓ LA GRAVITACIÓN UNIVERSAL?

A finales de 1665, el físico, astrónomo y matemático inglés Isaac Newton enunció la «Ley de la Gravitación Universal», pero no pudo confirmar la exactitud de sus conclusiones hasta 1685. Mientras observaba, al pie de un árbol, la caída de una manzana, entrevió que existía una fuerza de atracción entre todos los cuerpos, tanto más intensa cuanto más masivos son, como es el caso del Sol y los planetas.

¿CUÁNDO SE DESCUBRIÓ LA VACUNA DE LA VIRUELA?

En 1796, el médico inglés Edward Jenner descubrió que las mozas de establo que habían contraído la «pústula» al manipular las ubres de vacas afectadas por la enfermedad llamada vacuna, eran inmunes a las epidemias de viruela. En 1796 demostró el poder profiláctico de la inoculación previa.

¿CUÁNDO SE DESCUBRIÓ EL POLO NORTE?

El 6 de abril de 1909, después de tres intentos, el explorador estadounidense Robert Peary, su ayudante Matthew Henson y cuatro esquimales llegaron al Polo Norte y permanecieron allí durante treinta horas. La veracidad de esta hazaña ha sido puesta en duda, en no pocas ocasiones.

¿CUÁNDO SE DESCUBRIÓ EL POLO SUR?

El 16 de diciembre de 1911 el explorador noruego Roald Amundsen llegó al Polo Sur con la ayuda de trineos tirados por perros. Más tarde, en 1926, consiguió sobrevolar el Polo en un dirigible. Murió en 1928, cuando intentaba rescatar a una expedición perdida en el Ártico.

¿CUÁNDO SE DESCUBRIÓ LA PENICILINA?

En 1928, el bacteriólogo escocés Alexander Fleming, descubrió la penicilina cuando un moho contaminó un experimento que estaba realizando, destruyendo las bacterias.

Este descubrimiento hizo posible el de otros antibióticos, con los que se han podido vencer las infecciones, y evitar muchas muertes.

¿CUÁNDO SE DESCUBRIÓ LA RUEDA?

Hacia el año 3500 a.C. en Ur, el Iraq actual, se inventó la rueda, y eso permitió construir vehículos arrastrados por animales de carga que transportasen pesos mucho mayores que los que eran capaces de llevar a cuestas o a rastras.

¿CUÁNDO SE DESCUBRIÓ AMÉRICA?

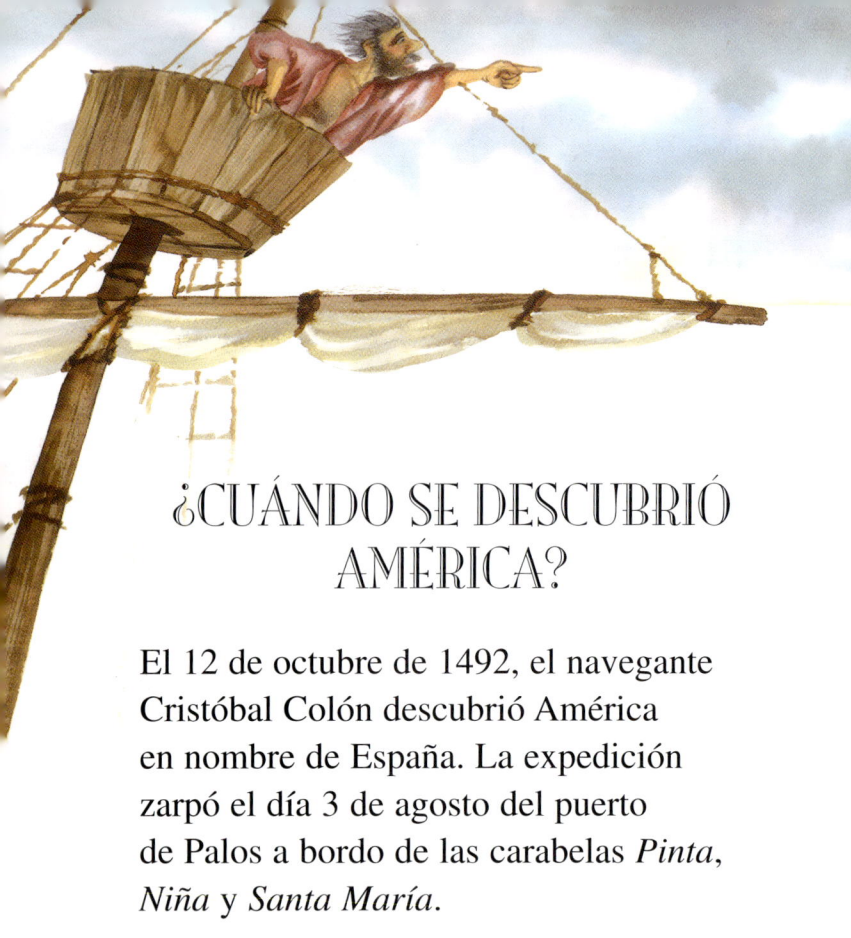

El 12 de octubre de 1492, el navegante Cristóbal Colón descubrió América en nombre de España. La expedición zarpó el día 3 de agosto del puerto de Palos a bordo de las carabelas *Pinta*, *Niña* y *Santa María*.

Después de un difícil y largo viaje, Rodrigo de Triana gritó: «¡Tierra!», al divisar una isla a la que Cristóbal Colón llamó San Salvador.

¿CUÁNDO NACIÓ LA CIRUGÍA?

A mediados del siglo XVI, un modesto barbero francés, Ambrosse Paré, sistematizó y racionalizó el empleo de técnicas quirúrgicas para aliviar las heridas de los soldados, aunque se sabe que incluso los antiguos egipcios ya realizaban prácticas de este tipo.

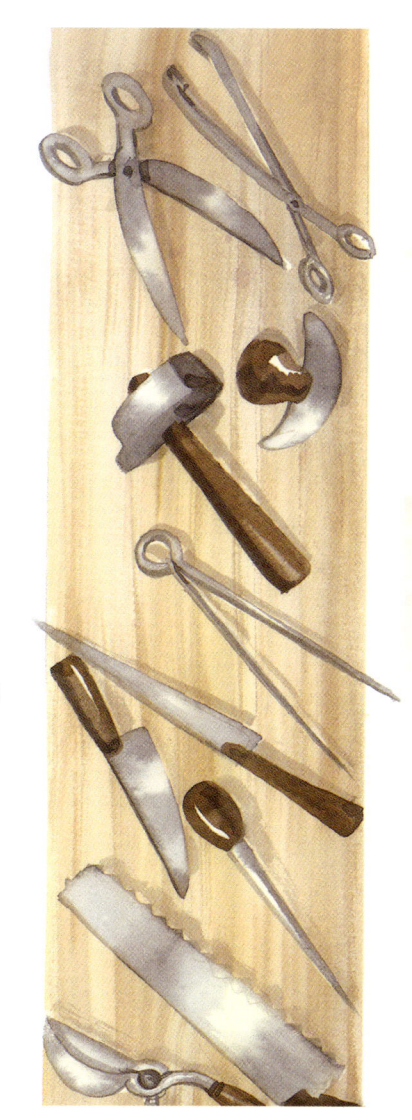

¿CUÁNDO VIVIÓ MARCO POLO SU AVENTURA ORIENTAL?

En 1272 el viajero veneciano Marco Polo, hijo de un rico comerciante, aceptó el encargo del papa Gregorio IX de establecer relaciones amistosas con el emperador de la China, Kublai Khan. Permaneció en territorio chino hasta 1292, y regresó a Europa por vía marítima.

¿CUÁNDO SE DIO LA PRIMERA VUELTA AL MUNDO?

El 10 de agosto de 1519 Fernando de Magallanes inició su histórica travesía con cinco naves y 265 tripulantes, y murió en el transcurso del viaje, pero 18 hombres encabezados por Juan Sebastián Elcano, a bordo del barco *Victoria,* regresaron agotados a Sanlúcar de Barrameda el 9 de septiembre de 1522, después de haber dado la vuelta al mundo por vez primera.

¿CUÁNDO SE FUNDÓ LA CRUZ ROJA?

En 1863 el banquero y escritor suizo Jean Henri Dunant, impresionado por el espectáculo de abandono de los combatientes heridos en la batalla de Solferino, reclamó para ellos un trato humanitario y logró que un año después se firmara la Convención de Ginebra, que aprobó la existencia de esta sociedad benéfica, llamada Cruz Roja.

¿CUÁNDO LLEGÓ EL HOMBRE A LA LUNA?

A las 3 horas 56 minutos del día 20 de julio de 1969, el comandante Armstrong descendió del módulo lunar del Apolo XI, donde había viajado junto a su compañero Aldrin desde Cabo Cañaveral hasta la Luna.

Este acontecimiento histórico fue contemplado, en directo, a través de la televisión, por cientos de millones de personas.

¿CUÁNDO SE HIZO EL PRIMER TRASPLANTE DE CORAZÓN?

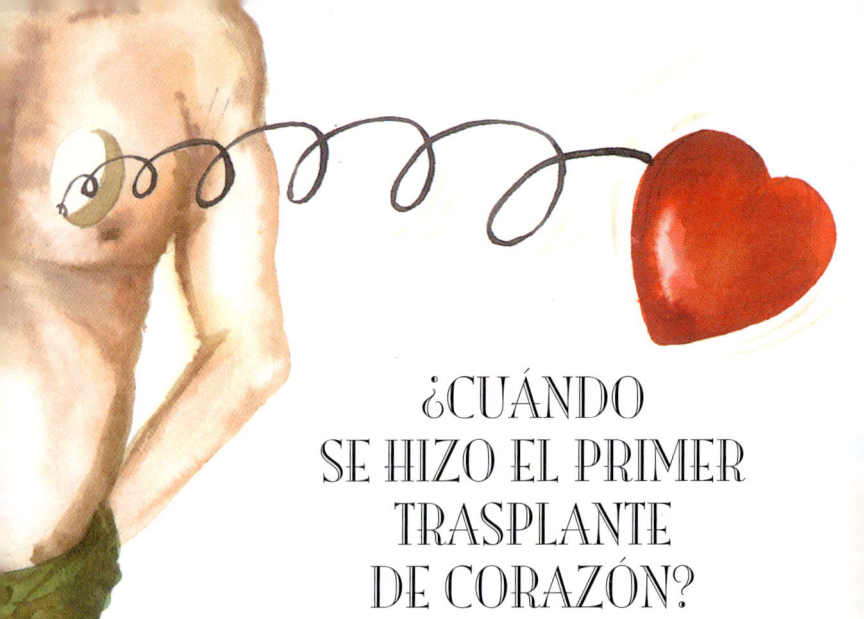

El 3 de diciembre de 1967, el cardiólogo surafricano Christian Barnard, implantó en el paciente Louis Washkanski el corazón de una joven fallecida en accidente. La operación fue un éxito, pero el paciente murió a los 18 días.

Barnard lo intentó de nuevo al año siguiente y el trasplantado sobrevivió 19 meses y medio.

¿CUÁNDO CAYÓ EL MURO DE BERLÍN?

En 1989 fue demolido el muro que dividía la ciudad de Berlín desde 1961 en dos partes: una, comunista, en el este y otra, capitalista, en el oeste.

Las dos mitades de Alemania se unificaron políticamente en octubre de 1990, tras un inesperado colapso del régimen comunista, que culminó con la desintegración de la URSS.

¿CUÁNDO SE REALIZÓ EL PRIMER VIAJE AÉREO?

El 21 de noviembre de 1783, el físico francés Jean François Pilâtre de Rozier, junto con el marqués de Arlandes y ante el propio rey Luis XVI y toda su corte, se elevó a una altura de 1.000 metros y cruzó majestuosamente el cielo de París por espacio de veinte minutos en un globo de aire caliente.

¿CUÁNDO SE RESTAURARON LOS JUEGOS OLÍMPICOS?

En 1894, el barón de Coubertin consiguió, tras numerosos esfuerzos, que se constituyera el «Comité Internacional para el Restablecimiento de los Juegos Olímpicos» que se celebrarían dos años más tarde en Atenas gracias a la donación del banquero griego Averof para la restauración del estadio.

¿CUÁNDO SE SALTÓ EN PARACAÍDAS POR PRIMERA VEZ?

El 22 de octubre de 1797, el aeronauta francés André Jacques Garnerin se lanzó al espacio desde un globo elevado a 1.000 metros y tomó tierra felizmente sobre el parque de Monceau. Sin embargo, el primer salto en paracaídas lo realizó, aunque desde una torre, otro francés, de nombre Lenormand. La idea del paracaídas se remonta, al menos, a Leonardo da Vinci.

¿CUÁNDO SE INVENTÓ EL CINE?

En 1894, tras muchos años de estudios, los hermanos Lumière, de Francia, inventaron el cinematógrafo: aparato tomavistas y proyector. La primera proyección tuvo lugar el 28 de diciembre de 1895 y uno de los films proyectados fue *La llegada del tren*, dirigido por Louis Jean Lumière.

¿CUÁNDO APRENDIÓ EL HOMBRE A HACER FUEGO?

Se tienen pruebas de que, hace unos 400.000 años, nuestros antepasados sabían encender fuego, probablemente por fricción con madera seca. Se han encontrado rastros de esa actividad en Francia, Hungría y China.

Los homínidos conocían y usaban ya el fuego en épocas anteriores, pero ignoraban cómo iniciarlo, y lo conservaban cuidadosamente, mediante brasas, a partir de las *fuentes* naturales, como los incendios producidos por el rayo.

¿CUÁNDO EMPEZÓ A USARSE EL ARADO?

En el 3500 a.C. se usaba en Mesopotamia y constituyó una de las innovaciones más importantes para la agricultura.

Los agricultores egipcios utilizaron el arado ligero que tenía filo de madera, un mango para moverlo y era tirado por bueyes. Más tarde se hizo más fácil su uso al incorporarle ruedas.

¿CUÁNDO SE INVENTÓ LA PÓLVORA?

En el siglo IX los sabios chinos inventaron la pólvora y muy pronto encontraron múltiples aplicaciones para el invento. De esta manera, fabricaron fuegos artificiales destinados a sus ceremonias religiosas y más tarde, le dieron fines bélicos.

¿CUÁNDO APARECIÓ EL TORNO DE ALFARERO?

Hacia el 7000 a.C. se utilizaba, en Asia Menor, el torno de alfarero.

Más tarde, Vitrubio, insigne arquitecto romano que vivió en el siglo I a.C., lo difundió como máquina herramienta.

El torno, y sobre todo su derivado en vehículos de transporte, la rueda, han sido decisivos en el progreso técnico de la humanidad.

¿CUÁNDO SE INVENTÓ LA ASPIRINA?

En 1893, el químico alemán Félix Hoffman inventó la aspirina, para intentar aliviar el reumatismo de su padre.

Pero los griegos y los pueblos indígenas ya utilizaban el ácido salicílico, obtenido de la corteza del sauce, para aliviar la fiebre y los dolores.

¿CUÁNDO SE INVENTÓ EL CHICLE?

En 1882, el norteamericano Thomas Adams fabricó el chicle o goma de mascar (*chewing gum*), basándose en una receta de los indios mayas.

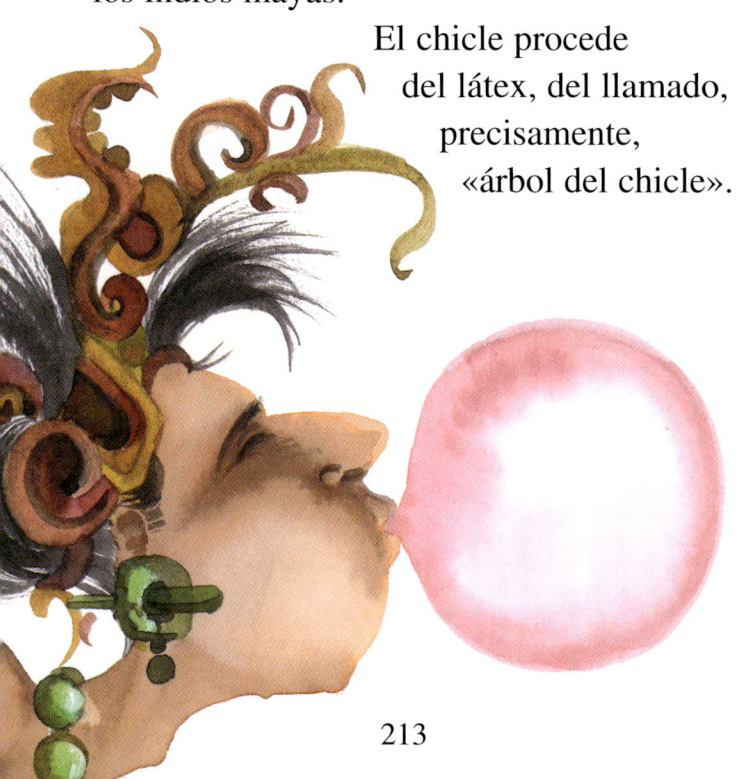

El chicle procede del látex, del llamado, precisamente, «árbol del chicle».

¿CUÁNDO SE INVENTÓ LA PLUMA ESTILOGRÁFICA?

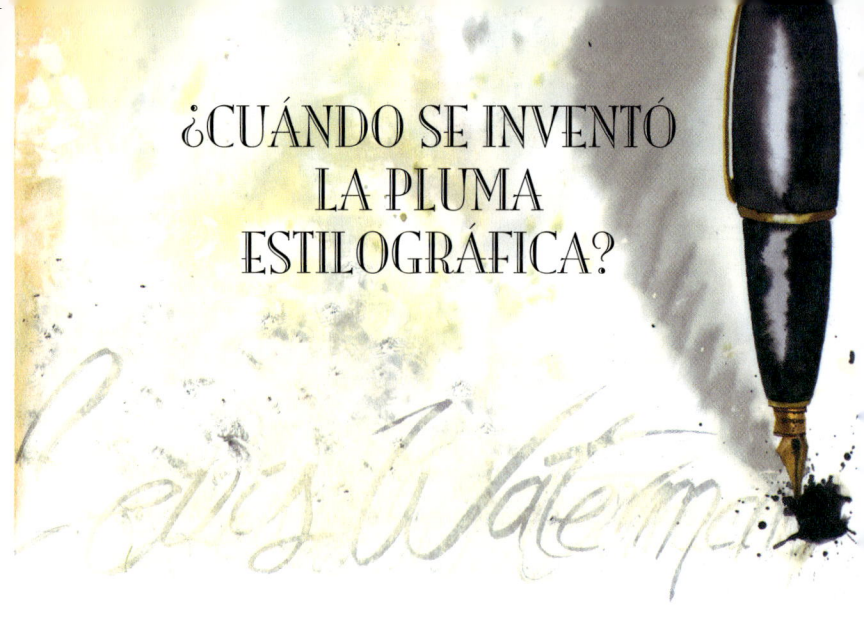

En 1884 Lewis Waterman inventó la primera pluma estilográfica. Gracias a él, fue posible escribir sin tener que estar continuamente recargando de tinta la pluma. La tinta se encontraba en un depósito en el interior de la pluma y pasaba por el plumín hasta llegar a la superficie del papel.

¿CUÁNDO SE INVENTÓ EL HORNO DE MICROONDAS?

En el año 1946, y actualmente es imprescindible en casi todos los hogares. El horno de microondas calienta la comida en pocos minutos haciendo vibrar las moléculas de agua de los alimentos. Los recipientes que se utilizan no deben ser metálicos.

¿CUÁNDO SE INVENTÓ EL AEROPLANO?

En 1903 los estadounidenses Wilbur y Orville Wright, más conocidos como los hermanos Wright, consiguieron volar con el primer aeroplano propulsado por un motor de gasolina, al que llamaron *Flyer,* y volaron en él una distancia de unos ochocientos metros, pero poco a poco fueron perfeccionando su aeroplano para conseguir volar a distancias considerables.

¿CUÁNDO ENTRÓ EN ERUPCIÓN EL NEVADO DEL RUIZ?

El 13 de noviembre de 1985, la erupción repetida del volcán Nevado del Ruiz, en Colombia, dejó sepultada bajo una avalancha de lava, de cenizas y lodo la ciudad de Armero. Fueron dadas por desaparecidas 25.000 personas, 60.000 quedaron sin hogar y varios miles resultaron heridas de distinta gravedad.

¿CUÁNDO APARECIÓ LA PESTE NEGRA?

En diciembre de 1347, la peste negra aparece en Sicilia, en los puertos de Italia y Marsella, extendiéndose pronto por toda Europa y Asia.

Esta terrible enfermedad, que recibía su nombre por las oscuras manchas que aparecían en la piel de los afectados, se contagiaba por la mordedura de pulgas infectadas.

Millones de personas murieron hasta el año 1350; Europa perdió un tercio de su población, y se produjeron alteraciones irreversibles en la sociedad medieval.

¿CUÁNDO FUE DESTRUIDA LA ARMADA INVENCIBLE?

En 1588, Felipe II, rey de España, envió a esta poderosa flota a invadir las Islas Británicas al mando del duque de Medina Sidonia. Los británicos les correspondieron con una flota más ligera y mejor preparada, lo que unido al temporal que azotaba el mar del Norte, produjo la destrucción de la llamada «Armada Invencible». España perdió unos veinte mil hombres.

¿CUÁNDO SUFRIÓ PARÍS UNA GRAN HAMBRUNA?

En el año 1590, Enrique IV sitió París durante tres meses. Los víveres, escasos en aquellos tiempos, se agotaron rápidamente. El pueblo sacrificó caballos, perros, gatos, ratas... para comérselos e incluso llegaron a la antropofagia. Las víctimas del hambre ascendieron a trece mil. Un ejército español, al mando de Alejandro Farnesio, obligó a Enrique IV a levantar el cerco de París.

¿CUÁNDO SE PRODUJO LA GRAN PLAGA DE LONDRES?

En 1665, la ciudad de Londres se vio afectada por una terrible enfermedad que acabó con la vida de unas cien mil personas: la peste. La infección era causada por la misma bacteria que, hacía siglos, había diezmado Europa, pero apareció en Londres en su forma más grave. Provenía de Holanda, y llegó a Inglaterra a través de las pulgas que infectaban las ratas de los barcos, a pesar de que se intentó evitar prohibiendo el comercio con aquel país.

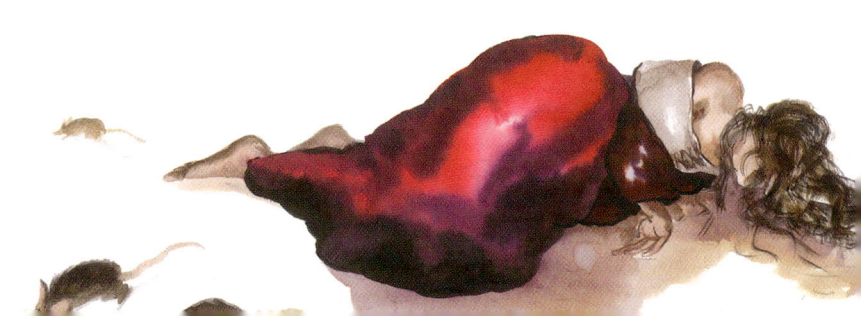

¿CUÁNDO SE HUNDIÓ EL TITANIC?

El 15 de abril de 1912, el *Titanic*, el famoso barco inglés de pasaje, chocó contra un iceberg mientras realizaba su viaje inaugural desde Inglaterra hasta Nueva York. Perdieron la vida 1.513 personas de los 2.224 pasajeros y tripulantes, como consecuencia de las deficientes medidas de salvamento.

¿CUÁNDO SUCEDIÓ EL ACCIDENTE EN LA CENTRAL NUCLEAR DE CHERNOBIL?

El 26 de abril de 1986 en Chernobil, Ucrania, un reactor se quedó sin refrigerante, se derrumbó la cubierta protectora, y se produjo la dispersión de sustancias contaminantes, muy radiactivas. Murieron cientos de personas en el accidente, más de 100.000 tuvieron que ser evacuadas y aún no se han podido valorar los efectos sobre la población (enfermedades que se desarrollan años después).

¿CUÁNDO SE PRODUJO LA «GRAN DEPRESIÓN»?

En 1929 se derrumbó la bolsa de Nueva York, causando una gran depresión económica y un empobrecimiento masivo. En 1932 fue necesario abrir comedores de beneficencia, ya que más de doce millones de estadounidenses se quedaron sin trabajo y sin ningún medio de subsistencia.

¿CUÁNDO SE DESMEMBRÓ LA UNIÓN SOVIÉTICA?

A finales de la década de los 80, la Unión Soviética fue incapaz de mantenerse como gran potencia, acosada en todos los frentes por la Alianza Occidental.

El máximo responsable soviético, Gorbachov, se vio obligado a dimitir, y la URSS se descompuso, en 1991, en diversas repúblicas.

¿CUÁNDO TUVO LUGAR LA GUERRA DEL VIETNAM?

En 1954, el Vietnam del Norte, comunista, intentó anexionar por la fuerza el Vietnam del Sur, no comunista. Lo que comenzó siendo una guerra civil, se convirtió en un conflicto internacional debido a la intervención de EE UU. En 1973, después de múltiples derrotas y más de 50.000 soldados muertos, los estadounidenses se retiraron.

¿CUÁNDO SE INVENTÓ LA ORDEÑADORA AUTOMÁTICA?

En 1880 aparecieron las máquinas de ordeñar automáticas, pero al igual que las máquinas manuales anteriores, eran dolorosas para las vacas. En 1895, el escocés Alexander Shields inventó una máquina más cómoda, basada en la acción succionadora que ejerce un ternero al mamar.

¿CUÁNDO SE INVENTÓ EL ARCABUZ?

En el siglo XV empezó a utilizarse como arma portátil. Era una especie de gran escopeta de un cañón, pesada y primitiva, cargada por la boca y construida en calibres tan grandes que para dispararla había, muchas veces, que ayudarse de una horquilla.

¿CUÁNDO SE INVENTÓ EL TORPEDO?

El torpedo automóvil fue inventado a mediados del siglo XIX por Robert Whitehead, y provisto de una carga explosiva, tiene por objeto hundir al buque atacado.

Los torpedos pueden ser propulsados por aire comprimido, con un motor de combustión interna, o por electricidad. El primer torpedo usado en combate fue lanzado, en 1877, por la fragata inglesa *Shah* para tratar de hundir al blindado peruano *Huáscar*, pero falló el blanco…

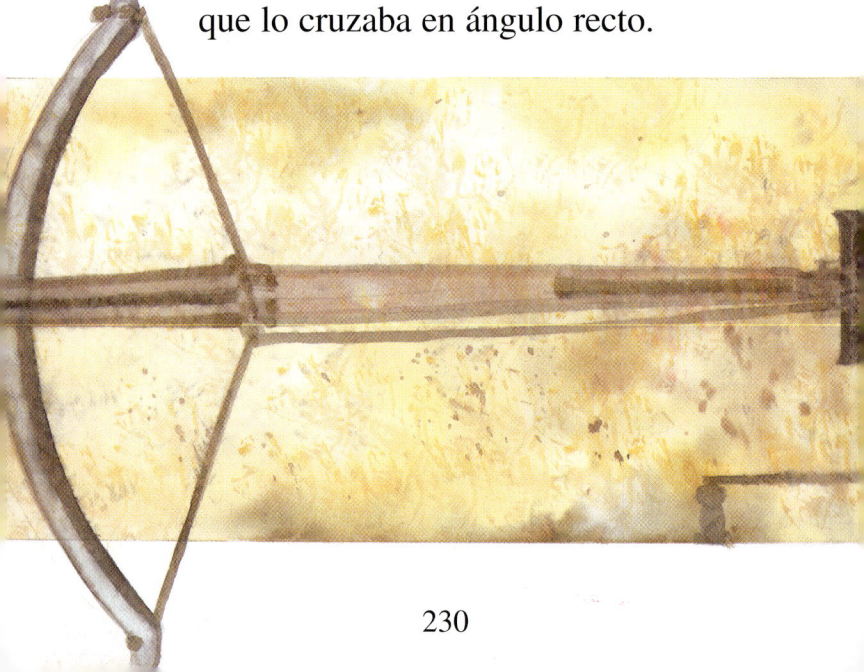

¿CUÁNDO SE INVENTÓ LA BALLESTA?

En el siglo XIII se extendió en Europa, aunque era ya conocida por los romanos. Fue utilizada para la guerra y para la caza. Eran potentes y algo lentas de recargar. Consistía en un asta de madera con un arco de acero o material elástico que lo cruzaba en ángulo recto.

¿CUÁNDO SE INVENTÓ LA ESPADA?

La espada procede, probablemente, del arma más sencilla que puede blandirse: un palo. Los aztecas utilizaban espadas de madera con afiladas piezas de sílex incrustadas en sus bordes.

La espada de metal, cobre/bronce, apareció en Egipto hace unos 4.000 años. Con el descubrimiento del hierro, hace unos 2.700 años, la espada pasó a fabricarse en el nuevo metal, más resistente, sobre todo en su variante de acero.

¿CUÁNDO EMPEZÓ A USARSE EL ARCO?

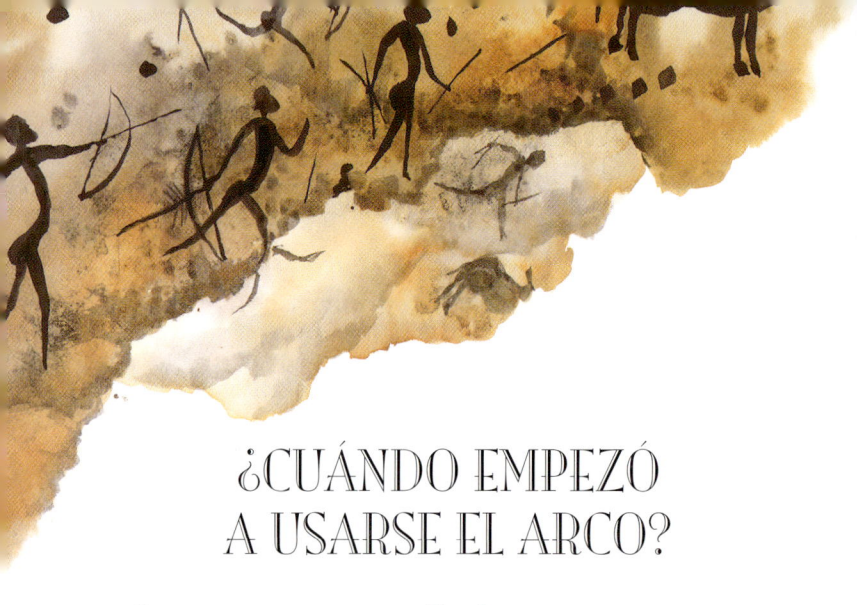

La caza con arco y flecha se remonta al paleolítico en Europa, Asia y África. Su uso se extendió en el neolítico, hace unos 30.000 años.

El perfeccionamiento más importante apareció hacia el 700 a.C., con el arco compuesto (hecho de madera, tendón y hueso) y el modo hoy habitual de tensar la cuerda, con la mano, y no con el índice y el pulgar, que no permiten aplicar fuerza suficiente.

¿CUÁNDO SURGIÓ LA BOMBA?

En el siglo XVI apareció la versión primitiva de la bomba de artillería. Era una granada esférica hecha de hierro fundido y rellena de pólvora. En la actualidad hay diversos tipos: incendiarias, rompedoras, perforantes y de fragmentación, de metralla o balines, muy utilizadas en la Primera Guerra Mundial. Para causar daño y muerte, el ingenio humano ha sido siempre muy agudo…

¿CUÁNDO SE INVENTÓ EL CAÑÓN?

El cañón, como la pólvora, es un invento chino, pero fue en Europa, a partir del siglo XIV, cuando desarrolló su formidable potencial.

Las murallas medievales eran fácilmente destruidas por los repetidos impactos de unos cañones, que aunque primitivos, tenían cierta eficacia. Por eso, a partir del siglo XVI, la arquitectura militar cambió radicalmente la configuración de fuertes y murallas.

¿CUÁNDO SE INVENTÓ LA CERBATANA?

En el siglo XII
los árabes
la utilizaron contra
los cruzados
de San Juan de Acre.
Sin embargo, la cerbatana era ya un
arma utilizada para la guerra
y la caza por pueblos indígenas
americanos y asiáticos. También
fue usada en la Europa Medieval.

¿CUÁNDO SE INVENTÓ EL TRABUCO?

En el siglo XIX fue el arma predilecta de guerrilleros, contrabandistas y saqueadores en España.

Era un arma de fuego bastante corta y de mayor calibre que la escopeta ordinaria, de efectos devastadores a corta distancia, con llaves de chispa o pistón, y boca acampanada.

¿CUÁNDO SE INVENTÓ EL BOLÍGRAFO?

Lo inventaron en 1938 los hermanos Ladislas y Georg Biro. Era un instrumento para escribir que tenía en su interior un tubo de tinta especial y, en la punta, en lugar de pluma, una bolita mecánica que giraba libremente.

¿Y LA FOTOCOPIADORA?

En 1938 el abogado estadounidense Chester Carlson la inventó ante la necesidad urgente de copiar documentos con rapidez, aunque su uso no se generalizó hasta diez años más tarde.

¿CUÁNDO SE INVENTÓ LA ORTOPEDIA?

En 1714 el cirujano francés Nicolas Andry introdujo este término en un tratado en el que describía el arte de corregir o evitar las deformaciones corporales, mediante ciertos aparatos especiales, o por cirugía. Los aparatos ortopédicos y las técnicas quirúrgicas de la ortopedia progresaron mucho en el siglo XIX, y siguen perfeccionándose en la actualidad.

¿CUÁNDO SE INVENTÓ EL METRO?

En enero de 1863 se inauguró en Londres el primer Metro (ferrocarril subterráneo). Funcionaba con locomotoras de vapor y el primer año de su utilización llegó a transportar a más de nueve millones de personas. En julio de 1890 se inició un servicio parecido en París y en 1919 en Madrid, siendo la primera línea «Sol-Cuatro Caminos».

¿CUÁNDO SE CONSTRUYÓ EL PRIMER RASCACIELOS?

A mediados del siglo XIX se empezó a fabricar acero barato y en grandes cantidades. George Fuller, un constructor estadounidense, empezó a construir edificios con la estructura formada por vigas de acero remachadas.

El primero se levantó en Chicago, en 1889, con sólo 13 plantas. Quizá el más conocido rascacielos de Fuller sea el *Flatiron,* levantado en 1902 en Nueva York. Pero en 1932 se construyó el edificio emblemático de Nueva York, el *Empire State Building,* con 448 metros de altura y 102 pisos.

¿CUÁNDO SE INVENTÓ AUTOMÓVIL?

En 1885 el ingeniero alemán Karl Benz construyó el primer automóvil, al que llamó *Motorwagen*. Funcionaba con un motor de gasolina conectado al eje trasero por una correa de cuero. Su versión definitiva, de 1893, tenía ya cuatro ruedas en vez de las tres del *Motorwagen* y alcanzaba una velocidad máxima de 16 kilómetros por hora.

¿CUÁNDO SE INVENTÓ EL SEMÁFORO?

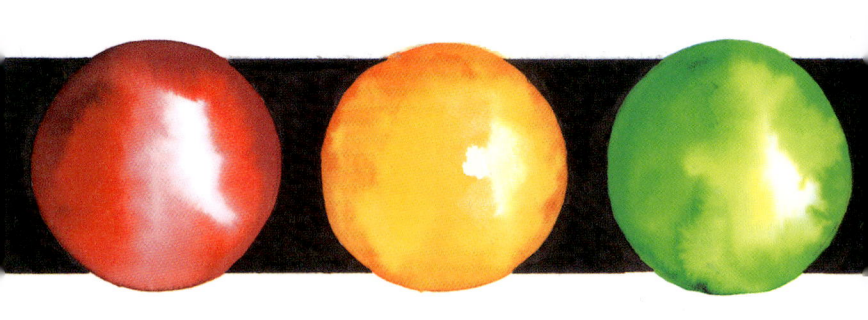

En 1914 aparecen los primeros semáforos o «luces de tráfico» como los comenzaron a llamar en Cleveland (EE UU). Tenían dos luces: una verde y otra roja. Cuatro años después se incorporó el color naranja, en los semáforos de las calles de Nueva York.

¿CUÁNDO SE INVENTÓ LA CONGELACIÓN DE ALIMENTOS?

En 1924 el industrial estadounidense Clarence Birdseye aplicó, por primera vez, la congelación a la conservación de alimentos. Birdseye empezó distribuyendo filetes de pescado congelado a -40 °C, y –como el proceso tuvo éxito– lo aplicó también a la carne y algunas frutas.

¿CUÁNDO SE INVENTÓ EL TRANSISTOR?

En 1947, los físicos estadounidenses John Bardeen, Walter Brattain y W. Shockley idearon los primeros transistores, que podían realizar la misma función que una válvula termoiónica, pero con un tamaño y consumo de energía mucho menores. Este hecho marcó un hito en el mundo de la electrónica.

¿CUÁNDO SE INVENTARON LAS TARJETAS DE CRÉDITO?

En 1950 se emitió la primera tarjeta de crédito o *dinero de plástico* por el Diners Club, y era entonces admitida en sólo veintisiete restaurantes de Nueva York. En la actualidad, todos los bancos y grandes almacenes emiten sus propias tarjetas de crédito, que permiten realizar compras o servicios y pagarlos posteriormente.

¿CUÁNDO SE INVENTÓ EL SATÉLITE ARTIFICIAL?

En 1957 la Unión Soviética lanzó
al espacio el Sputnik I, que sería el primer
satélite artificial que orbitó en torno
a la Tierra. Desde entonces,
se han lanzado muchos satélites
con diversos fines: científicos,
estratégicos, meteorológicos,
de telecomunicación...

¿CUÁNDO SE INVENTÓ EL ASCENSOR?

En 1853 Elisha Otis inventó el ascensor moderno, que no fue instalado hasta 1857 en Nueva York, para uso público.

En la actualidad existen vistosos ascensores de cristal que se deslizan suavemente, muchas veces movidos por sistemas hidráulicos.

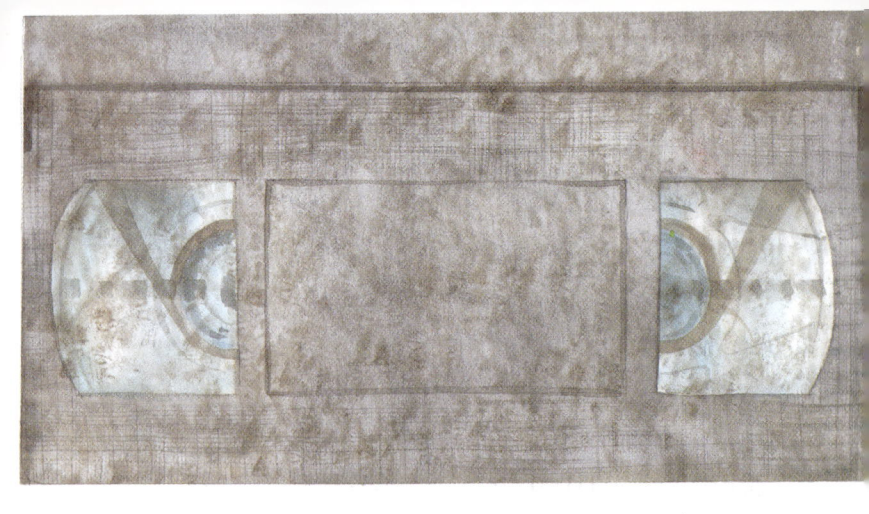

¿CUÁNDO SE INVENTÓ EL VIDEOCASETE?

En 1956 se inventó el primer sistema de grabación magnética de TV, que recibió el nombre de «magnetoscopio».

Alrededor de 1970 se comercializaron los videocasetes domésticos. El primer sistema utilizado fue el «Beta», y más tarde se generalizó el «VHS». Hoy, este sistema está en decadencia, reemplazado por el soporte digital «DVD».

¿CUÁNDO SE INVENTARON LOS VIDEOJUEGOS?

A partir de 1970 los juegos electrónicos se han hecho cada vez más asequibles y por lo tanto más populares, no sólo en el mundo infantil sino también en el adulto. En 1989, la empresa japonesa Nintendo inventó un videojuego portátil: «Game Boy», que superó todas las previsiones de venta. Actualmente muchos juegos electrónicos se disfrutan por medio de ordenadores.

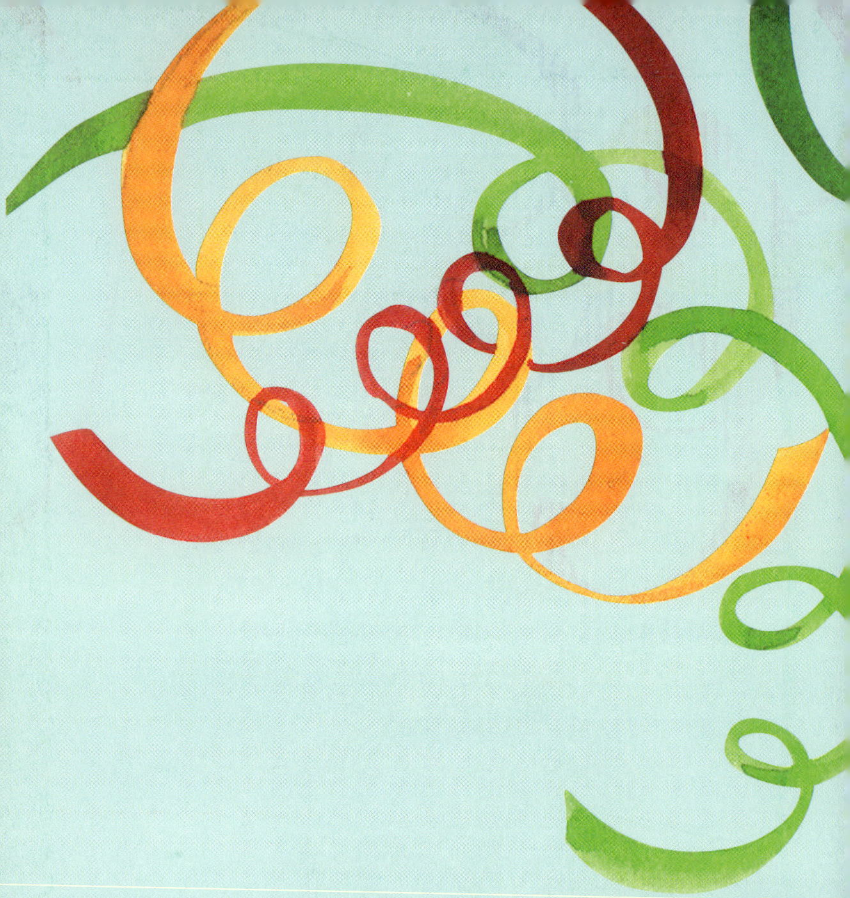